人生の「掃除の時間」をグッと縮める

すごい家事

SUGOI  KAJI!

松橋周太呂

まえがき

家事は、上手くなることなんかより、
とっとと終わらせること。

この本は、家事が苦手で面倒くさがっていた僕だからこそ見つけられた、人生の中で家事に費やす時間をグッと短くできる方法を書いた本です。

おしゃれに飾られた手の込んだお料理、全部のお部屋を毎日こまめに、すみずみまでお掃除。お洗濯もきっちりアイロンがけまで。こんなもん毎日やってらんないですよね。
主婦の皆さまは想像を絶する忙しさ、毎日旦那さまとお子さまの分のご飯とお弁当と、大量の洗濯と散らかされた部屋の掃除と、まだまだやることがあるし。そして、普通に一人暮らしで働いている方だって大変です。疲れて帰ってきて毎日掃除なんてやってられないし、自炊だって時間かかるものはしんどいし、せっかくの休みはゆっくりしたいしで、「みんな時間がないのです。」だから、今すぐに試せる家事がラクになるワザを知っていただきたい。掃除も洗濯も料理もスキルアップなんて一切必要ありません。とにかくラクしてとっとと終わらせてしまってほしいと思うのです。

ご挨拶が遅れました。この度は、わざわざこの本を手にとっていただき、その上、まえがきまで読んでいただきましてありがとうございます。

はじめまして、松橋周太呂と申します。

実は僕、家事に関して専門家でもプロ

でもなんでもありません。ただのシロウトです。その上、特別な技術があるわけでもないし、ズボラだし、面倒くさがりで先延ばしにもするようなタイプです。

そんな僕なのに、なぜ「家事の達人」と周りの皆さまに呼んでいただけるようになったのか、それには秘密があります。

独り暮らしを始めて十数年、最初の頃は家事なんてただただ面倒で嫌いでしたが、ある時、尋常《じんじょう》じゃない面倒くさがりだった僕はもう面倒くささが頂点に達して、なんとか簡単に終わらせる方法を考えるようになりました。そこで、簡単に汚れを落とす方法やアイテムや洗剤に出会ったのです。

「明日やる」は頑張りすぎ。「しあさってやる」くらいでちょうどいいと思えるモノや、これって使い続けたら節約になってお金が貯まるんじゃないかってぐらいの優れモノや、今までのあのストレスが解消されるなら、もしかしたら5歳くらい若返るんじゃないかってモノまでいろいろ出会いました。

ただ出会っただけで、僕自身の技術レベルは独り暮らしを始めた頃と変わってないのです。でも、こんなにとっとと終わらせることができるようになったのです。

だからこそ、断言できます。僕にできて他の人にできないことはない。

要は、正しい僕の肩書きは「家事の達人」ではなく、
「家事をラクして早く終わらせる方法をいっぱい知っている普通のおじさん」なのです。だから皆さまは、この普通のおじさんからたくさんラクする方法を盗んで帰ってください。

第1章

アイテムに頼った人から
笑顔になれる!

すごい掃除術

※本書掲載商品の価格は全て税込み価格で表示しております。（2015年12月時点）

僕は掃除が大嫌いです。苦手です。
潔癖でもありません。ズボラです。
面倒くさがりで、すぐ先延ばしにしてしまいます。
Mr.Children のファンです。
そんな僕が皆さまから
「お掃除の達人」だなんて呼んでいただくことになりました。
その掃除術を、秘訣《ひけつ》や考え方を、
全てお伝えいたします。
さぁ、面倒な掃除なんて
アイテムに頼ってとっとと終わらせて、
1日1時間あなたの自由な時間を
生みだしましょう。

掃除が大嫌いな人ほど、達人に近いのです。

皆さま、掃除は嫌いですか？　僕は掃除が大嫌いです。この〝大〟がとっても大事。大っ嫌いな方がいましたら、すでに達人へ一歩近づきました。おめでとうございます。

僕の考える掃除の達人とは2種類！　それは、汚れを全くためない人と、汚れをすっごくためてしまう人！　その、どちらも掃除の達人なんです。

どんな頑固な汚れもつきたての頃はサッと拭けば一瞬で落ちます。真っ黒なカビだって最初はただのヌメリで、こんなの何にも考えないで、指でシャッてやれば落ちますよね。その落とし方を、僕が偉そうに教えていたらどう思います？　次の日、街でブーイングが起きて主婦の皆さまに「そんなの知ってるわよ」ってボコボコにされますよね。

みんな知ってるんです。全部、最初はちょっとした汚れだってことを。その段階で気づいたらこまめに拭ける人、毎日ちょこちょこ掃除できる人、これこそが、まさに「汚れを全くためない」掃除の達人です。

以前、坂上忍さんと何度かお掃除のロケに同行させていただいたことがありました。その時おっしゃっていたのが「水滴を液体と思うな！　固体と思え！」。さぁ、今すぐこの言葉を掛け軸にしましょう！　その意味は、シンクや風呂場の鏡につく水分が蒸発したら、カルシウムなどの固体が残って白い水アカ汚れになる。だから、液体の拭きやすいうちに拭いておきなさい、と。これが僕の尊敬するお掃除レジェンド坂上さんの教えです。これができる人は掃除の達人です。

さて、もう一種類の達人、汚れをすっごくためてしまう人というのは、水まわりは白い水アカだらけで、コンロは油汚れとコゲだらけ、お風呂には真っ黒なカビがはえてしまっています。そんな人でも、ためにため込んで、ある日掃除をするわけです。すると普通の掃除方法や洗剤ではなかなか落ちません。どうすりゃいい？　といろいろグッズを探したり、東急ハンズに行ってみたり、頑固な汚れに効く優秀な洗剤を求めるようになるのです。そこで、優秀なアイテムと出会い、頑固な汚れをスルッと簡単に落とすことで、その快感を覚えてやみつきになって掃除グッズにどんどん詳しくなり、いつしか掃除の達人となってしまうというタイプ。すみません、ほぼ僕の話です。僕がそうだったように、掃除が大嫌いで汚れをためてしまう人ほど、良いアイテムのラクな掃除に快感を覚えることができるのです。掃除好きにまでならなくても、「なんか面白いように落ちるから、これ使うの楽しみっちゃ楽しみ」くらいになってくれたら嬉しいです。

優秀なアイテムで一番得できるのはだれ？

そして、ここで大事な確認です、実は、掃除をする上で一番損をしてしまっているかもしれないのが、前者でも後者でもない、ちょうど真ん中のそんなに汚れはたまってないけど毎日こまめにキレイにもしてない、〝中間のゾーン〟の皆さまなのです。

このゾーンの方は、そこそこたまった、まあまあ頑固な汚れを時間かけて掃除している可能性が高いです。すっごくためてしまう人に比べて、そこまで真っ黒になっていない分、頑固用の洗剤に手を出そうという発想にならず、軽度の汚れ用の洗剤で中度の汚れに挑むという不利な状況で頑張られていることも考えられます。これこそ時間のムダであり、掃除が嫌いになる最大の原因ではないでしょうか？　だってそんなに汚れてなさそうな所が、こすってんのにいつまでたってもキレイにならなくて、腰とか痛くなってきたりして、イライラしてきますよね。もう全部ぶん投げたくなりますよね。

だからこそ、僕が提案したいのが、「優秀なアイテム」に頼っちゃうことなのです。

さらに朗報です。中間のゾーンの皆さまは、この優秀なアイテムの恩恵を一番受けやすいのです。なぜなら、家には中度の汚れがたくさんあるから。重度の汚れ用洗剤を中度の汚れに使えばアッという間に落ちるし、今まで軽度用のモノを使っていた分、振り幅もあってかなりの時短に繋《つな》がるはずだからです。だからぜひ、掃除をラクに時間を短くしてくれる専門的な洗剤やグッズ、「優秀なアイテム」に頼りに頼ってください。

優秀なアイテム、それは家事のプロフェッショナルが情熱を注いだ作品です。みんなが勇気づけられるMr.Childrenの曲と同じ。どの世界にも妥協しないプロがいるんです。家事の世界だと、例えば、３６５日水アカ落としに向き合うプロがいる。そんなプロの情熱をお借りしてラクに汚れを落としましょう。

優秀な洗剤を使うとハワイに行ける!?

　皆さま、ご両親によく「勉強もスポーツも遊びも、どうせやるならトコトンやってみなさい」なんて言われたことはありませんか？　やはり、親の言うことは聞くもんですね。僕もトコトンやってみました、面倒くさがるということを。面倒くさがりの向こう側見てみましょうよ。

　よくいる普通レベルの面倒くさがり屋さんの決まり文句「明日やろう」、これでは頑張りすぎです。ダメです、そんなに頑張っちゃ。優秀なアイテムに頼るんだから「しあさってやろう」ぐらいでちょうどいいんです。

　場所によっては〝しあさって〟どころではありません。もっと面倒くさがっていいのです。お風呂の鏡なんて一度ピカピカにしたら１ヶ月空けてもそこまで頑固な汚れはつかなかったりします。だって引っ越してすぐ1ヶ月でお風呂の鏡が水アカで真っ白になったりしないですもんね。優秀なアイテムに頼れば引っ越ししたてかってぐらいキレイにできる、そしたら次の掃除は1ヶ月後でもいいんです。

でもやっぱり気になるのが「値段」。優秀なアイテムって高いんじゃない？　と。それでは、お答えします。「安いです」。

正確に言うと「適正価格」です。洗剤と一口に言っても用途があって、ドラッグストアに並ぶ洗剤のほとんどが普段の汚れ用。〝軽度の汚れ用〟なので2、3日に1回使うイメージのモノなんです。それに対して優秀な洗剤は、〝頑固な汚れ用〟。同じ「洗剤」とはいえ、そもそも別モノです。

それは、コンビニ弁当とホテルのバイキングの料金を比べるのと同じこと。バイキングに来て「コンビニ弁当ならもっと安いのに」と言う人はいませんよね。もしそんなことを旦那さまが言ったら、強めにツネってやりましょう。日頃の奥さまの苦労も知らないで！　おっと、話を戻します。コンビニには利便性と毎日買える価格、見合った品質がある。ホテルのバイキングは豊富な品揃えと、高い品質で特別感がある。目的が違うのです。洗剤も同じで、中身を知れば目的に合わせて的確に使えるのです。それをご理解いただいた上で、一つ掃除場所として「お風呂場の鏡のウロコ汚れ」を例にあげたいと思います。

検証！　タイム&コストパフォーマンス

まず、優秀アイテム「茂木和哉《もてぎかずや》」（詳細は28ページ）は、200mlで2036円。これは、頑固な汚れ用洗剤の相場を知っている僕からすれば適正価格より安いぐらい。そしてもう一方の「普段の汚れ用洗剤」は、約400mlで350円ほどです。

それではその2種類の洗剤を、掃除時間はどちらも1回20分として比べてみましょう。

まず「普段の汚れ用洗剤」、1回の使用量を30mlとします。400ml全て使い切るのに、約13回。2、3日に1回のペースで掃除するのが好ましいタイプの洗剤なので、期間にして約1ヶ月かかります。

一方、「茂木和哉」は頑固な汚れの状態から使い始める想定なので、最初の掃除に

50mlを使い、その後は30mlづつ使用します。200mlをすべて使い切るのに6回。月に1度のペースの掃除で十分なので、期間にして6ヶ月かかります。半年でかかる洗剤代金を比べると「普段の汚れ用洗剤」は350円×6ヶ月＝2100円で、「茂木和哉」の1本2036円とほぼ同じですね。いかがでしょうか！　結果的に使った金額は一緒になりましたね。納得していただけました？

ん？　なんかおかしくないですか。あれ、ちょっと待ってください。掃除してる時間が違いますよね！　「普段の汚れ用洗剤」は1ヶ月で260分。「茂木和哉」は20分。半年で、26時間と2時間。この差なんと24時間。すごくないですか？

鏡を磨くだけの時間が余分に丸1日。人生でそんな時間、極力減らしたいですよね。「茂木和哉」でできる自由時間が半年で1日。これは1年で2日、5年で10日！　この時間をゆったり自分のために使ってほしいんです。

この後の紹介する洗剤やアイテムを全てうまく組み合わせれば、もっと自由な時間が生まれます。時に節約にもなり、また時間が生まれ、そして心の余裕が生まれ、作業効率も上がり、お給料も上がり、貯金も貯まり……見えなくないですよね？　ハワイのビーチ。

あなたの代わりに
頑張る
スターアイテム
1

超電水クリーンシュ！シュ！

Lボトル（500ml）1,058円など
ケミコート　0120-41-1132　http://www.denkai.com

ノロウイルスも撃退できる、
ものすごい除菌力。
※代替菌ネコカシウイルスで除菌能力を試験

その正体は、水。
だから安心して使える
ものすごい水なんです！

めちゃくちゃすごい水！節約と時短に繋がる全てを兼ねた1本。

このアイテムは、〝ラクして掃除してほしい理論〟の要素が全て詰まった1本。キッチンで料理をしていて油がハネたりした時、キッチンペーパーや布巾で拭くとビローンって油がのびちゃいません？　ゴシゴシ拭いても油って薄く膜のように残りますよね。そんな簡単な油汚れ、洗剤だとすぐ落ちるけど、キッチンだから洗剤を使ったらすすがなきゃならない。それが面倒だから後回し。で、気づいたらギトギトなんですよね。

そんな汚れにピッタリなのが「超電水」。油を浮かせる能力がすごいので、シュッと吹きかけて拭くだけ。しかも、成分が100％水なんです。だからすすぎがいりません。

また、それだけじゃなく除菌力もすごい。サルモネラ菌、大腸菌O-157も[※]ノロウイルスも、たった30秒〜1分で除菌できるんです。成分が水だけだから、コンロまわり、冷蔵庫の中、電子レンジの中、そしてまな板除菌まですすぎなし。もちろんテーブルなどの手アカなんてのも得意で、壁についたタバコのヤニも、油なのでこれが効きます。

キッチン用としてだけでも唯一無二なのに、そこにはとどまらないのが「超電水」。トイレの掃除にも最適で、尿などのたんぱく質も分解するので、便器に吹きかけて30秒〜1分待てばスルリと汚れが落ちてしまいます。ここでも、ノロウイルスなどを除菌してくれるのが嬉しいところ。トイレの壁にも、リビングのカーペットのシミにも、すすぎいらずだから最適ですし、お子さんのおもちゃやぬいぐるみの洗浄、除菌にも！大活躍。

でも、なぜ水だけなのにこんなにすごいのか？　秘密は、水を電気分解して実現したpH12・5というアルカリ性にアリ。これは、すごいことなんです。例えば、ノロウイルスを除菌するとき、pH12なら3時間かかりますが、pH12・5なら30秒〜1分なんです！

そして、値段は1058円。一見高いようですが、キッチン用、トイレ用、除菌剤、リビング用と洗剤4本を揃えるならこの値段じゃ済みませんし、買いに行った時に4本分の洗剤を探す手間や、家の収納スペースも省けるのです。「ここにはどの洗剤？」ともう悩まなくて済む。時短、節約、省スペース、唯一無二の洗浄力。まさにすごい水。

※代替菌ネコカシウイルスで除菌能力を試験

あなたの代わりに
頑張る
スターアイテム
2

オレンジX

お試しサイズ250ml　1,620円など
オレンジクオリティ　045-413-1431　http://orange-quality.co.jp

お子さんのいる家庭に必須の1本。
オレンジエックス
天然オレンジパワーでクレヨンにもペンにも打ち勝つ洗浄力！

オレンジXがあれば若返る？

さっき掃除したばかりの床にお子さんがクレヨンで落書きしたり、シールをめっちゃ貼ったりすることがありますよね。しかも、それが雑誌の付録に多い紙のシールだと剥がしづらかったり、「今回はビニールのだからキレイにはがせたわ」と思ったら粘着剤だけ残ったり。ほかにも白い壁にいつのまにかついた黒いこすり跡とか「誰がつけたの〜敷金返ってこないよ！」って。こういう落とせない汚れってイライラしますよね。

そんな汚れは全部オレンジXにお任せください。あきらめていた汚れ、クレヨンだってシールだってスルっとキレイにできる。それは、もう感動するほどに。頑固な汚れだってこれがあれば、いつだって落とせると思っていれば、子どもを怒らずに済むし、精神的にも余裕が生まれてノーストレス。これって、最高のアンチエイジングですよね。

なぜこんなに落ちるのか？　それはオレンジXに含まれるオイルは一味違うからです。通常、天然オレンジオイルとはオレンジの皮から1%しか取れない貴重なオイルのこと。でも、このオレンジXはフロリダのオレンジジュース工場でむいたばかりの鮮度の高い皮をすぐに加工して、皮のわずか0・5%しか取れない、さらに貴重な天然オレンジオイルを使用しているのです。だから、洗浄力がすごい。

また、この香り成分にはフィトンチッドと呼ばれる効果があって、人やペットを癒す一方、細菌やカビの繁殖を妨げ、ノミやダニ、ハエや蚊が寄り付きにくくなるオマケもあるのです。

そしてオレンジXは、水で薄めて掃除できるのが良いところ。原液〜5倍で、クレヨンや油性マジック、シールはがし、換気扇などの頑固な油汚れ、自転車や蛇口のサビ落としに。10倍に薄めて、お風呂やトイレの掃除、食器洗いまで。さらに100倍に薄めれば、床や壁、家具の拭き掃除、さらにウールやシルクなどのおしゃれ着洗い用洗剤としても使える。価格も、原液で250ml、1500円を10倍に薄めれば1本150円。すごいお得ですよね。

あなたの代わりに
頑張る
スターアイテム
3

茂木和哉

200ml　2,036円
きれい研究所　018-853-5830　http://www.yogoreotoshi.com

お風呂の鏡のウロコには
もう二度と悩まない。
茂木和哉
全ての頑固な水アカに
茂木和哉。

頑固な鏡のウロコ汚れと、ついにサヨナラ。ありがとう茂木和哉さん。

お風呂の鏡のウロコ、キッチンやシンク、浴室の蛇口に広がる白いモヤモヤや、トイレの便器などでホコリやカビなどと一緒になってつく頑固な黒ずみ。これら水アカは、ちょっとした洗剤でこすっても全く歯が立たない。強敵ですよね。

水アカは、水分が蒸発する時に水に含まれるカルシウムやマグネシウムなどの結晶がのこるのが原因。そんな固く居座った水アカをキレイにする方法は2つあります。

①水アカを酸性で溶かして落とす。

②物理的に、とにかく削りとる！

①の酸性と言えば、例えば酸性洗剤、クエン酸。②の「削りとる」と言えば、クレンザーとなるわけですが、この2つの方法を同時に行えたら効果抜群ですよね。でも、こ

れが難しい。クレンザーの研磨成分は、酸性によって効果が弱まってしまうから。

そこで、この「茂木和哉」の出番です！　この洗剤は、①と②を両立させた、すごい一品。もとは、温泉施設の硫黄などの頑固な湯アカを落とすために開発されたプロ用の洗剤なので、一般家庭の水道水の水アカなどカワイイもの。もう、楽勝です。

強力な効果と聞けば、「シンクや鏡が傷つくのでは？」という心配もあるかもしれませんが、それも大丈夫。鏡などを傷つけないけど、水アカはしっかり削りとるという絶妙な硬さの研磨剤をきっちり揃えて配合しています。ただし力の入れすぎには注意！　グリグリやったらなんでも傷つきます。使う時は縦、横、円の動きを繰り返すようにいろんな方向から磨いていくと効果的です。また広範囲でなく、端から少しずつ磨いていくとキレイに落ちます。あと、鏡をビチョビチョに濡らしすぎないのもコツです。

おすすめは、スポンジではなく丸めたラップでこすること。すると、たった数滴で抜群の効果を発揮します。無駄なく洗剤の効果を引き出すことで1回に使う量を最小限にし長持ちさせる。とても経済的なので覚えておいてください。頼るべきアイテムは優秀洗剤だけじゃなく、家にある道具も含まれるということ。詳しくは56ページへ！

あなたの代わりに
頑張る
スターアイテム
4

瞬間油汚れ洗剤
なまはげ

400ml　1,490円
きれい研究所　018-853-5830　http://www.yogoreotoshi.com

ギトギト油も泡がシュワッと
瞬間的に落とす快感を。

油がすごい焼肉屋さんも
使ってる頑固な油汚れにはこれ。

耳を澄ませて聞いてください。瞬間的に油を落としてくれる音が……。

「大きな声では言えませんが、実は、換気扇ってもう何年も掃除してません……」

よそ様には内緒にしたい家の中の頑固な汚れ事情、きっとこんなのウチだけだわ、なんて思うかもしれませんが、実はみんな同じ隠し事を抱えているものなんですよね。

頑固な油汚れは、台所を使う限り日々順調に積み重なっていきます。落とすの大変だし、今そんな時間ないし、と目をつぶり続けて、大掃除でようやく現実に直面した時、「いったい、これどうやって掃除するの!?」と、呆然《ぼうぜん》とするのではないでしょうか。

広範囲にこびりついた油汚れは、並みの洗剤では太刀打ちできません。だからもう、みんな「瞬間油汚れ洗剤なまはげ」を使うしかないぞ、と僕は本気で思っています。

油汚れのpHって「酸性」なのです。ということで、酸性汚れには反対のアルカリ性洗剤が効果を発揮します。このすごい洗剤ももちろんそう。なのですが、この洗剤は普通じゃない。２種類のアルカリビルダー（洗浄成分）を高濃度で配合することで、ものすごい汚れ分解力を実現しているのです。それって、どれほどの効果かというと油汚れにシュシュッと吹きつけて耳を澄まして聞いてみてください。「シュワシュワ〜」。みるみるうちに油が溶けていく音がします。まさに瞬間油汚れ洗剤です。

5年、10年と積もり積もった油汚れには、キッチンペーパー&ラップで湿布してグッと浸透させて。軽い油汚れならば100倍に薄めて使っても十分にキレイにできちゃいますよ。

さらに、この洗剤がすごいのは、これだけ成分が高濃度で圧倒的な効果なのに、安全性も高いところ。２種類を配合するのはそのためでもあるそうです。強力な洗剤なのに、素材も変色しにくいのです（ガラスには使用できません）。

ベトベトの油汚れが瞬時にシュワシュワと分解され溶けていく様子は、本当に感動的です。その泡は、掃除のストレスも、放置していた自己嫌悪の気持ちも、間違いなくキレイさっぱり落とし切ってくれますね。

あなたの代わりに
頑張る
スターアイテム
5

お願いだから ほっといて!!

流し台用、お風呂場用・トイレ用　各250ml　864円
協栄販売　03-5467-4077　https://www.kyoei-hanbai.com

排水口の汚れやヌメリは
納豆菌の仲間が
やっつけてくれる。

〝ほっといたら〟、
さらにその奥の排水管まで
何日もかけて掃除してくれる。

家中で一番ほっときたい場所が、本当にほっとくだけでキレイになる。

キッチンやお風呂場の、暗くて、細くて、ヌメッとしていて触りたくないあの場所……排水口です。これがまた、ちょうど食べ物を扱ったり、裸で体を洗ったりする、特に汚れの気になる場所にあるからこそ、なおさら無視できないんですよね。

掃除せずにいたら、流れたせっけんカスや食べ物のカス、髪の毛なんかで汚れはたまっていく一方だし、どんどん水の流れも悪くなるし、しまいには詰まって全く流れなくなったり、イヤ〜なニオイまで立ち上ってくる始末。本当に、困った場所です。

見て見ぬふりして、ほっときたいのに。それは僕だけじゃなく、皆さま共通の心の叫びですね。叶えてくれるのは、すごい洗剤、その名も「お願いだからほっといて!!」です。

秘密は、この洗剤に含まれる微生物ＢＮ菌です。納豆菌の仲間であるこの菌が、排水口の水分やヌメリを栄養に活性化して、その悪臭物質を分解してニオイを断ってくれる。さらに、排水管の詰まりの原因となる汚れや油、でんぷん、たんぱく質などを、菌自ら分泌する酵素で強力に分解して取り除いてくれる。つまり、注ぐだけでBN菌が勝手に排水口掃除をしてくれるのです。さらに排水管の奥まで流れ込んでキレイにしてくれるので、一軒家の方は排水管トラブルの防止にも繋がる、すごい洗剤なんです。

まず意を決して排水口のフタやゴミ受けなんかを漂白剤やパイプ用洗剤で真っ白にしてから使えば、その後ずーっとこの洗剤だけでOKでしょう。だから引っ越してすぐの人が、これを使い始めれば完璧。もう、ずっと排水口がキレイなままなわけです。夢のよう。

ほかにも同シリーズでは、泡が立って洗浄剤としても使えて、さらに泡にBN菌が配合されている「ほっといて」や、排水口の水切りザルや三角コーナーに縛りつけておく錠剤タイプで1ヶ月効果が持続する「お願いだから5日間待って」もおすすめです。

僕らの代わりに、暗くてヌメッとしたあの場所で健気《けなげ》に働いてくれるBN菌。このすごい子は、もう我が家の愛しい同居人です。皆さまのお宅にも、ぜひどうぞ。

あなたの代わりに
頑張る
スターアイテム
6

カビッシュトレール＆超電水エアコン内部クリーナーシュ！シュ！

＜カビッシュトレール＞
2,484円　コパ・コーポレーション　03-5724-4301　http://www.copa.co.jp
＜超電水エアコン内部クリーナーシュ！ シュ！＞
1296円　ケミコート　0120-41-1132　http://www.denkai.com

あきらめていた
自宅エアコン掃除が超ラクに
ズバッと落ちる。
カビ・ニオイが
お・ど・ろ・くほど
とれる！
エアコンファンの
プロ掃除
エアコンクリーナー
使用後は効率が上がり
節約にも。

もうあきらめない！ プロ並みのエアコン掃除が自分でできるアイテム。

気になるけど簡単に手出しできない場所ナンバーワンの、エアコン。シーズンはじめにホコリが積もったフィルターを水洗いしたり、送風口に見つけたカビを、見える範囲で拭いてみたりする。でも、きっと奥にはもっとカビが……とモヤモヤは募ります。でも、この「カビッシュトレール」と「超電水エアコン内部クリーナー シュ！シュ！」に頼れば、その悩みはズバッと解決します。

そもそも、エアコンの汚れとニオイの原因は、主に、熱交換器の「アルミフィン」と「送風口」や「送風ファン」などが高温多湿になることでカビやバクテリアなどの細菌が繁殖しやすいからです。それが送風口からまき散らされてしまうし、アルミフィンが汚れて目詰まりすると、エアコンの効きが悪くなって電気代がかかったり、最悪の場合は故障の原因にもなります。

さて、掃除すべきは、「アルミフィン」と、「送風口&送風ファン」。まず、「アルミフィン」には「超電水エアコン内部クリーナー　シュ！　シュ！」を噴射です。超電水のすごさはすでにお伝え済み。汚れをはがす効果と高い除菌効果を持つ超電水を、噴射力の強いスプレーで吹きつける。すると、アルミフィンの汚れがみるみる浮いてきます。

お次は、「送風口&送風ファン」。以前はプロしか掃除できない箇所だった、その常識を「カビッシュトレール」が打ち破りました。２本揃ったスプレー、洗浄の１本目はモチモチの泡が特徴なので、垂れてくることなく、中にとどまって汚れを浮かせてくれる。そして40分後、２本目の除菌消臭剤を吹きつければその泡とともにカビ、ホコリ、アレルギーの原因などの汚れがボトボトと流れ落ちてくるわけです。

特に、送風ファンの掃除は業者なら1.5万円ほどかかる場所。しかも、掃除をしてエアコンの効きが良くなれば、設定温度を２℃変えられます。すると、電気代が10％下がると言われています。この洗剤をセットで買った価格は、４ヶ月ほどで元が取れると思います。試さない手はありませんね！

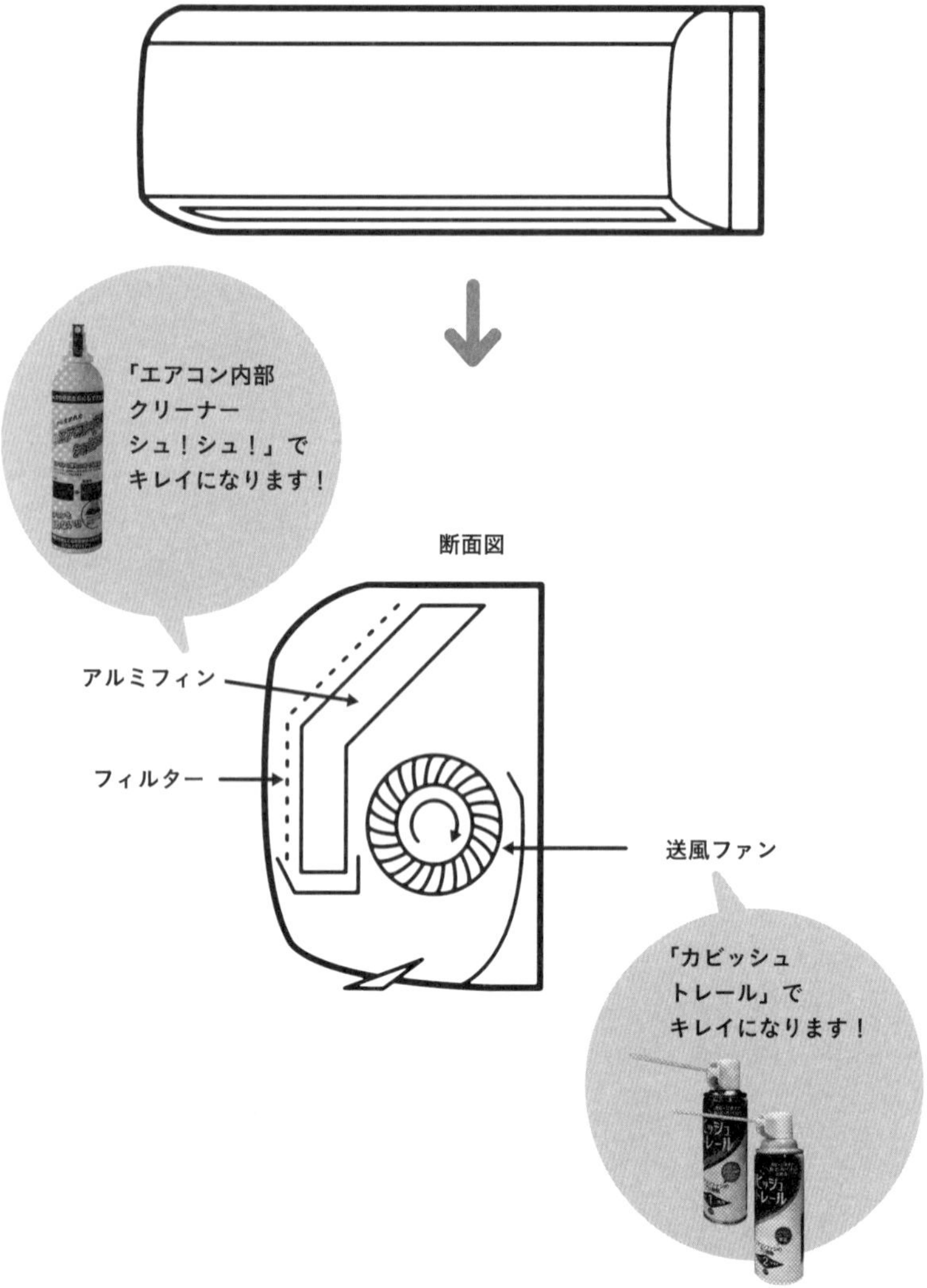
「エアコン内部
クリーナー
シュ！シュ！」で
キレイになります！
断面図
アルミフィン
フィルター
送風ファン
「カビッシュ
トレール」で
キレイになります！

所要時間が半減！　松橋流ノーストレス掃除理論①

ライオンも、ネコ科って聞くとカワイイ。

百獣の王ライオンってすごい怖いけど、「ネコ科ですよ」と聞くと急にかわいらしく見えてきませんか？　結局ネコのでっかいやつでしょって。ライオンの赤ちゃんなんて普通のネコですもんね。

それが、掃除にも同じことが言えるんです。頑固汚れの王、真っ黒な「コゲ」って、シンクについてる白い「水アカですよ」って聞くと、落とせなくもないなって気がしてきませんか？　コゲって料理の水分が蒸発したもので、成分的にはカルシウムを含む水アカと同じ汚れの仲間なんです。だから、コゲと水アカは落とし方も似てるんです。

このように、あらゆる汚れはグループに分けられるのです。一見、不可解な汚れだって、おなじみのあの汚れの仲間と知れば、落とし方が見えてきます。

これが汚れの仲間たち！

このページでは、家庭で発生する主な汚れを分類しました。仲間が分かれば、どんな成分の洗剤が適しているのか、自ずと分かってくるのです。実はそうだったのか、という意外な仲間もいますよね。

油汚れの仲間

- キッチンの壁の油ハネ
- 手アカ
- コンロまわりのベトベト
- 網戸一面の黒い汚れ
- 壁のタバコのヤニ

↓

普段の油汚れなら二度拭きいらずの「超電水クリーンシュ！ シュ！」が最も手軽で効果が高いです。頑固な汚れには「瞬間油汚れ洗剤なまはげ」を。それ以外では、アルカリ性の重曹やセスキ炭酸ソーダを使用。

水アカ汚れの仲間

● お風呂の鏡のウロコ汚れ
● シャワーヘッドの白いカス
● 蛇口やシンクの白い汚れ
● コンロや鍋のコゲ
● トイレの尿石

ぜひ「茂木和哉」を。ない場合は、クエン酸水で溶かすか、重曹などの研磨剤で磨くか。もしくは鍋に入るサイズのものは水と重曹を入れて沸騰させ、発生する二酸化炭素ではがしとりましょう。

樹脂やインクの汚れの仲間

● クレヨンやボールペンの落書き
● 剥がしきれなかったシール
● 壁に家具などがこすれた黒い跡

「オレンジX」で落とすのが一番！　それ以外ではなかなか取りづらいです。シールはクエン酸水とラップで湿布して、ポイントカードなどで削り取る方法も。

所要時間が半減！　松橋流ノーストレス掃除理論②

カビの増殖を減らすかんたんなコツ。

カビの胞子はどこからでも飛んでくるので、本当に面倒。だけど、すぐにできる簡単な対策があります。

お風呂の掃除に、天井の掃除を加えよう

お風呂の床をカビ取り剤でキレイに掃除して乾燥させたら、「これで大丈夫だろう」と思いますよね？　でも、カビは目に見えなくても実はあちこちに潜んでいて、乾燥して死ぬ前に最後の力を振り絞って胞子を飛ばします。だから天井にカビがいると乾燥するときに胞子を飛ばして一瞬で床に。だから、気合を入れてカビ取り剤を使う時には、

フロアワイパーなどで天井も忘れずに。また、普段の掃除でも天井の水滴をぬぐうよう意識を。これだけで、カビが気になりだすまでのサイクルがぐんと長くなります。

また、カビは湿気が大好き。結露する冬になると白いカーテンに一気にカビが生えてしまうのは実は窓枠に潜んでいたカビが、結露の水滴で一気に広がったから。これを防ぐには、結露する冬の前に窓枠のカビを一掃しておけばいいのです。

塩素系が苦手な人は「カビナイトＮｅｏ」に頼ろう！

塩素系カビ取り剤は苦手という方に頼ってほしいのが、なんと乳酸でカビを分解して死滅させる「カビナイトＮｅｏ」(飛雄商事)。市販のシャンプーよりも低刺激なので、お風呂の天井にもぴったり。洋服にかかっても問題ナシ。と聞くと、それ効くの!?　と思われるかもですが、そこはご安心を。発酵乳酸の強力な作用は、カビを10分で98％以上除去するという高い効果。僕は芸人仲間の引っ越し祝いには、「超電水」と、この「カビナイトＮｅｏ」って決めているんですよ。

所要時間が半減！　松橋流ノーストレス掃除理論③

スポンジだって苦手分野があるんです。

さあ、掃除しよう！　と、あなたがまず手に取る掃除アイテムは何ですか？　洗剤と、そして多くの人が真っ先につかむのは、「スポンジ」だと思います。キッチンには皿洗い用と掃除用に１つずつ、そしてお風呂に、洗面所に、またトイレ掃除用のアイテムも柄の先がスポンジだったりするでしょうか。

フカフカした体に水と洗剤をしみ込ませ、泡立たせながら緑のタワシ部分で磨きあげる。アイテムとしてのこの完成度、抜群の安定感は頼もしいばかりです。ついつい手に取る気持ち、分かります。でも、ちょっと待って。その、水をたっぷり含むというメリットが逆に掃除の効果を薄めてしまうデメリットに寝返ることだってあるんですよ。スポンジにも苦手なジャンルがあるんです。

31ページで僕は、「茂木和哉」を使う時には丸めたラップで磨いてくださいと言いました。それには理由があり、普通のスポンジだと洗剤成分がスポンジ本体に吸い込まれて、ちゃんと磨けず、どんどん洗剤を消費しちゃうから。では、磨くのにいいタワシやブラシはどうかというと、研磨剤が毛の隙間に入りこんで効果を発揮できない。それがラップならば成分が薄まることなく、洗剤をダイレクトに接着させながら磨きあげられるのです。

アイテムって、それ専用にとお店で買ってくるものだけではないんですよ。例えばラップ、そして使い古しの歯ブラシやボディタオル、ストッキング、そして綿棒などなど、すでに家の中にあるおなじみのアイテムが、決して妥協や節約至上主義ではなく、正面きって「最も適役」だと言えるケースが存在するわけです。

歯ブラシならば、毛を短く切るとより強力なブラシになるし、そこへラップを巻くと「茂木和哉」のような洗剤と相性抜群。斜めに切って先端を細くすれば、細かい部分にピッタリはまる。既存の掃除アイテムの当たり前にとらわれず、きっとあなたも、家の中の見慣れたものから全く新たな「掃除アイテム」を発掘できるはず！

人生のムダな時間の上位、「ゴシゴシ」。

所要時間が半減！　松橋流ノーストレス掃除理論④

カレーを食べきった後の鍋を想像してください。カレーのルーがべったりと鍋にこびりついて、ところどころ黒くコゲついている。これを洗おうとする時、きっとたいていの皆さまはその鍋にまずお湯や水をはってしばらく置いておこうとしますよね。

きっと、その動きをいたって自然に行っているはずです。そう、経験的に「つけおき」した方が洗いやすいってご存知なのです。

でも、どうでしょう。水道の蛇口についた白い水アカ、油汚れがこびりついたキッチンの壁やコンロの五徳《ごとく》などなどは、そのままゴシゴシやっていませんか？　そのゴシゴシを人生の中で極力減らしたい。人生のムダな時間ランキング3位に「汚れをつけおきせずに最初っからひたすらゴシゴシする時間」が入ってますので、本当に時間がもったいないのです。ちなみに8位が「後悔して前に進まない」です。今さら後悔しても意味ないけど、その時間が人を大きくするんでムダとも言いきれないんですけどね。

本題に戻ります。「つけおき」が有効なのは、水にドボンと沈められるモノだけではありません。油汚れがこびりついたキッチンの壁も、大きなヤカンの側面の黒コゲだって、それぞれに適した洗剤を含ませたキッチンペーパーで湿布して、さらにラップで水分が蒸発しないように時間をおけば、段違いにスルッと落ちるようになります。

どんなに優秀な洗剤でもすぐには落とせない汚れがあります。そんな時はあまり粘らず、ちょっとやってダメならすぐにつけおく、というプランに切り替えていただきたい。「茂木和哉」なんかも研磨剤と酸の、両方入っているので、クレンザーなのに、つけおきも有効です。落ちにくい時は一度少し磨いて水アカに傷をつけ、そこに酸を染み込ませるようにつけおく。そういう〝スクラッチ〟というプロの技があると、僕のお掃除仲間である実演販売士ロックオン錫村《すずむら》さんに教えていただきました。覚えておきましょう。

それぞれの場所に適したメソッドは、56ページからイラスト付きで紹介しているので、参考にしてみてください。

所要時間が半減！　松橋流ノーストレス掃除理論⑤

重曹での掃除は〝掃除の筋トレ〟。

　重曹やクエン酸でのお掃除は、〝洗剤やグッズに頼ってほしい〟という僕の理論とは少し違います。でも使いこなせるようにはなってほしいんです。そもそもなぜ重曹がこんなに流行っているのか？　それは重曹やクエン酸は低刺激で低価格、その割に結構落ちるからなんです。なんでも落ちるわけではないけれど家庭レベルの汚れなら、ちゃんと使えばそこそこ勝負できる。正確に言うと、重曹などは洗浄力は弱いけれど、汚れの種類と性質にピッタリあてはめて最大限の力を発揮させれば、そこそこ勝負できるのです。逆に最大限発揮させなければ落ちないこともある。

　だからこそ、重曹を使いこなせるようになった頃には、汚れの性質も把握できている証拠なわけです。すなわち掃除の基礎技術が向上している状態、それはまさに〝掃除の筋トレ〟なのです。では重曹の性質をおさらいしましょう！

重曹は、油・コゲ・たんぱく質汚れと、クレンザー代わりに！

◎弱アルカリ性なので、酸性である油汚れを中和して落とせる。
◎同様に、悪臭は酸性の場合が多いので、中和して消臭してくれる。
◎粒子が水に溶けにくいので、粉のまま、またペースト状にして、クレンザーとして使える。
◎重曹と水を鍋に入れて熱すると二酸化炭素の泡が発生。その力で鍋のコゲを浮かせたり、鍋に入れた布巾などの煮洗いができる。

そして、クエン酸。性質は重曹とは真逆、pH2.1の酸性です。

クエン酸は、水アカ・せっけんカス汚れと除菌・消臭に！

◎酸性なので水アカを溶かして掃除できる。
◎アルカリ性のせっけんカスを中和してキレイにしてくれる。
◎除菌効果がある。
◎トイレのアンモニア臭など、アルカリ性の臭いを中和して消す。

家の中には頼るべき優秀掃除アイテムがたくさん！

誰の家にでもあるような普通の道具が、実は最も適した掃除アイテムなことがよくあります。ここでは、その一部をご紹介します！

● キッチンペーパー

洗剤を浸して汚れに直接貼りつける「湿布」に活用しよう。

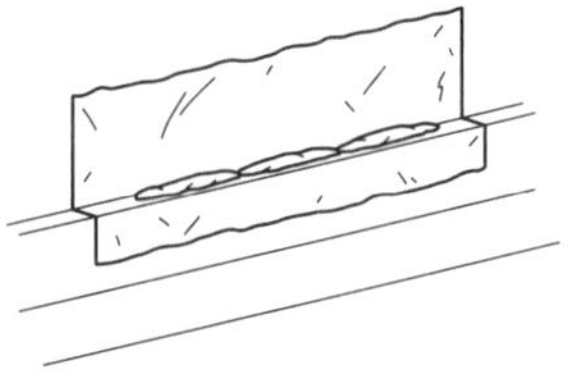

窓枠のカビ取り

カビ取り剤をねじったキッチンペーパーにしみ込ませて窓枠に貼りつけ、さらに上からラップを重ねて20～30分しっかり浸透させる。

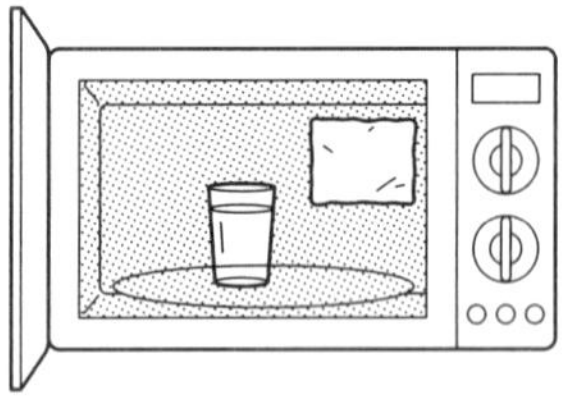

電子レンジ内の油汚れやコゲつきに

油汚れやコゲつきには超電水や重曹水を吹きつけたキッチンペーパーを貼りつけて、600Wで2分ほど温め、その後フタを閉めたまま10分ほど蒸らして拭き取る。

風呂場の天井掃除

カビ取り剤をしみ込ませ、フロアワイパーにつけて天井を拭く。その後、水を含ませたキッチンペーパーで洗剤を拭き取り、さらに乾いたペーパーで水気を取って天井からカビ取り剤をキレイに落とすこと。

● ラップ

まるめたラップをスポンジ代わりにすれば、洗剤成分がスポンジ内部に吸われず効果的に掃除できる。また、洗剤の上に貼りつけてパックをしても効果的。

水アカ掃除に
キッチンのシンクやお風呂の鏡の水アカは、茂木和哉を使ってまるめたラップで磨く。クエン酸水＋ラップでパックするのも有効。

● ジャージポケットぞうきん

使い古したジャージのポケット部分だけを切り取って手にはめて使用。細かい部分の汚れまで丁寧に拭き上げられる。

風呂場のすみの水アカ・黒カビ掃除
風呂場の床やくぼみにこびりついた水アカや黒カビをすみずみまで磨ける。

● 眼鏡クロス

繊維が非常に細かいので、普通の雑巾では届かない壁紙の繊維の隙間の汚れまでかき出せる。柔らかい繊維のため強く拭いても傷つけにくい。

壁の黄ばみや手アカ掃除
超電水やセスキ炭酸ソーダ水を吹きかけて拭くと効果抜群。

● 使い古したジーンズ生地

表面の均等なデコボコが汚れを絡め取る。素材も綿なので傷つけにくい。新品だと藍色がつくので注意を。

コゲついたポットの掃除

鍋に水と重曹（水 500ml に対して大さじ 1）とポットを入れて火にかけて沸騰後 5 分煮込み、火を止めて 2 時間つけおきしてジーンズ生地でこする（アルミ製は黒ずむので注意！）。

煮込めないコンロまわりなどはマイナスドライバーにジーンズ生地を巻き、コゲに重曹を撒いてこする（傷つけないよう力加減に注意！）。

● ポイントカード

プラスチック製のポイントカードをカット。硬さもほどよく、先端が細かい部分まで行き届く。

コンロまわりのコゲ掃除に

煮込めないコンロまわりなどのコゲには重曹を撒いて、カットしたポイントカードでこする（傷つけないよう力加減にご注意！）。

● ゴム手袋

手袋のため小回りが利き、届きづらい場所の掃除も楽に。

カーペット・じゅうたんの掃除に

カーペットやじゅうたんのホコリや髪の毛の掃除に。毛足の長いじゅうたんでも奥まで絡めとれる。また、こすることで静電気が発生してゴミが集まりやすくなる。これをやっておくと掃除機の時間が短くなる。

● ボディタオル

適度なコシがあり、繊維がデコボコしているボディタオルは汚れをかき出しやすい。人の肌を傷つけない素材の優しさも、掃除にぴったり。

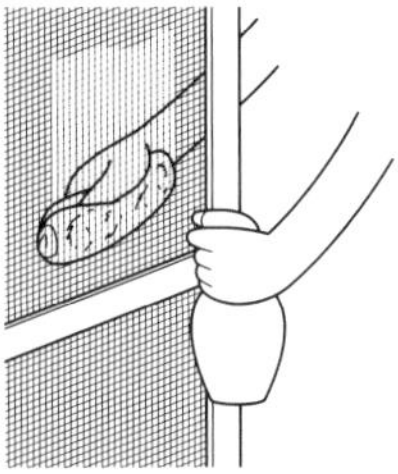

頑固な網戸の汚れに

超電水やセスキ炭酸ソーダ水を使って根こそぎかき出す。コシのあるデコボコが網目にしっかり入り込んでくれる。

● 台所用スポンジ

普段の使用法だけではなく、表面のデコボコが意外な部分にぴったりフィットする。

ブラインド掃除にぴったり

雑巾などでは掃除しにくいブラインドにはスポンジのデコボコががっちりはまる。油汚れには超電水やセスキ炭酸ソーダ水を吹きつけ、スポンジでなでるようにこするだけで汚れを拭き取ることができる。

● 加圧式お掃除スプレー

水を強く噴射することで汚れを吹き飛ばすことができる。プロの便利道具、高圧洗浄機のような効果が。ぬるま湯を入れても効果アップ。

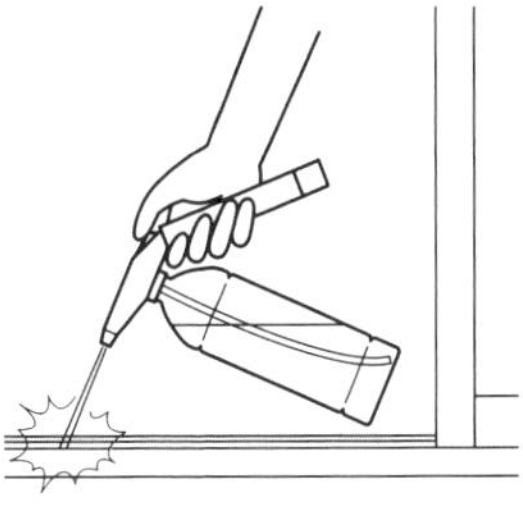

窓のサッシの掃除に

窓のサッシにたまった土汚れに。水を入れて一気に吹き飛ばす。

場所別すごい掃除術　早見表

キッチン

シンク、シンクまわり、蛇口など　頑固な汚れは「茂木和哉」を使ってラップで端から縦、横、円を描くように磨く。一度キレイにしたらその後は「ピカッと家中お掃除クロス」（マーナ）で拭くだけで保てます。

排水口　詰まるほどの汚れには市販のパイプ洗剤を。頑固な汚れは、いったん排水口用の洗剤などでキレイにして、その後は週1で「お願いだからほっといて!!」を流すだけ。もしくは「お願いだから5日間待って」を排水口にくくりつけるだけで1ヶ月保てます。

コンロ・魚焼きグリル・換気扇　頑固な油汚れは「瞬間油汚れ洗剤なまはげ」をスプレーしてスポンジで。程度によりラップで湿布。コゲは「茂木和哉」とラップ、ポイントカードで磨く。普段の汚れは「超電水クリーンシュ！シュ！」を使い、「ピカッと家中お掃除クロス」やキッチンペーパーなどで拭く。

冷蔵庫　「超電水クリーンシュ！シュ！」を使い、「ピカッと家中お掃除クロス」やキッチンペーパーなどで拭く。

お風呂

浴槽・床・壁　「技職人魂　風呂職人」（允《いん》・セサミ）を使い、スポンジで落とす。

排水口 詰まるほどの汚れには市販のパイプ洗剤を使う。頑固な汚れは、いったんカビ取り剤などでキレイにして、その後は週1で「お願いだからほっといて（お風呂用）」を流すだけ。

天井 フロアワイパーにキッチンペーパーをつけ、そこに「カビナイトNeo」（飛雄商事）やカビ取り剤をスプレーして天井の汚れを落としながら塗る。その後、キッチンペーパーを交換して何度か水拭きをして洗剤を落とす。

鏡 頑固な汚れにはラップを使って「茂木和哉」で念入りに磨く。一度キレイにしたらその後は月1で軽く「茂木和哉」を使えば保てます。

洗面具 プラスチックには傷がつくのでクレンザーや重曹（粉、ペースト）

で磨くことはしません。「技職人魂　風呂職人」を使いスポンジで落とします。

シャワーヘッド　「技職人魂　風呂職人」を使い、歯ブラシ（毛を短く切って洗浄力を上げたモノ）で落とす。頑固な汚れはラップで30分湿布してから先の歯ブラシで落とし、最後はしっかりとすすぐ。

蛇口　頑固な汚れにはラップを使って「茂木和哉」で念入りに磨く。一度キレイにしたらその後は「ピカッと家中お掃除クロス」で拭くだけで保てます。

トイレ

床・壁　「超電水クリーンシュ！シュ！」を使い、「ピカッと家中お掃除クロス」やキッチンペーパーなどで拭く。

便器　便器にトイレットペーパーを敷き詰め、「スッキリ」（日本生商）をかけて30分～1時間ほど放置して流すだけ。もし尿石がカチカチに固まっている場合は「茂木和哉」とラップとポイントカードで磨いてください。キレイにしてからの普段の掃除は「スクラビングバブル シャット 流せるトイレブラシ」（ジョンソン）で衛生的に掃除できます。

タンク　タンク内部は様々なパーツがあるため、あまり強い洗剤を使わない方が安全です。賃貸の場合などは中性洗剤と歯ブラシで掃除を。

マット　「一毛打尽」（リアライズ）で絡んでるペットや人の毛やゴミを取り掃除機で吸い、尿などの汚れは「超電水クリーンシュ！シュ！」を使い雑巾などで吸い取る。

リビング

天井　不安定な椅子で無理をすると危険なので、なるべくフロアワイパーを伸ばして掃除を。

壁　「超電水クリーンシュ！シュ！」を使い「ピカッと家中お掃除クロス」やキッチンペーパーなどで拭く。

照明　使い捨てのハンディモップでホコリを取り、「超電水クリーンシュ！シュ！」を使って「ピカッと家中お掃除クロス」やキッチンペーパーなどで拭く。

テレビ　テレビは画面に特殊な加工がされてるので、洗剤の使用や水拭きができません。家電量販店のテレビ売り場に売っている各メーカー専用のクリーナーを使いましょう。使い捨てのハンディモップでホコリを取ったり、乾拭きをしたりは可能です。

革製品ではないソファ・カーペット・ラグ
「一毛打尽」で絡んでるペットや人の毛、ゴミを取って掃除機をかけ、食べこぼしなどの汚れには「超電水クリーンシュ！シュ！」を使い、雑巾などで吸い取る。

テーブル・椅子・床
「超電水クリーンシュ！シュ！」を使い「ピカッと家中お掃除クロス」やキッチンペーパーなどで拭く。テーブルを磨きあげたい場合は「ドーバー パストリーゼ77」（ドーバー酒造）で仕上げる。

エアコン　掃除機に取りつける「すきまノズル」でフィルターのホコリを吸い取り、「超電水エアコン内部クリーナーシュ！シュ！」でアルミフィンの汚れを取り除き、「カビッシュトレール」で送風口や送風ファンの部分のカビや汚れを落とします。

洗濯機　洗剤を入れる部分、ゴミ取りネット、フィルターを外して洗濯槽に入れ、「ヱスケー すっきり 洗濯槽クリーナー」（84ページ）でつけおきし、針金ハンガーとキッチンの排水口のゴミ取りネットで簡単な網を作って（87ページ）カビの塊を取り除き、塊が出なくなるまで何度もすすぐ。

玄関・ベランダまわり

窓ガラス　「超電水クリーンシュ！シュ！」を使い「ピカッと家中お掃除ク

ロス」やキッチンペーパーなどで拭く。磨きあげたい場合は「ドーバー パストリーゼ77」で仕上げる。

サッシ 「霧王 加圧式掃除用ブラッシングスプレー」（マルハチ産業）を使ってレールのホコリや砂を流し出し、「ピカッと家中お掃除クロス」やキッチンペーパーなどで拭く。

網戸 「超電水クリーンシュ！ シュ！」を使いボディタオルで拭く。

カーテン 結露などによるカビ汚れは「純愛」（100ページ）を、カーテンの素材が耐えられる温度のお湯に溶かしてつけこむ。普段の汚れには「超電水クリーンシュ！シュ！」を使って拭き取る。

ブラインド 「超電水クリーンシュ！ シュ！」を使い「ピカッと家中お掃除

クロス」やキッチンペーパーなどで拭く。

玄関のたたき（床）　重曹（粉）を撒いてホウキではく。

【登場した優秀アイテム】
- 「ピカッと家中お掃除クロス」　マーナ　03-3829-1111
- 「技職人魂　風呂職人」　允・セサミ　03-5937-4138
- 「カビナイト Neo」　飛雄商事　042-394-3839
- 「スッキリ」　日本生商　0859-44-1377
- 「スクラビングバブル シャット 流せるトイレブラシ」　ジョンソン　045-640-2111
- 「一毛打尽」　リアライズ　03-6411-2431
- 「ドーバー パストリーゼ77」　ドーバー酒造　03-3469-2111
- 「霧王 加圧式掃除用ブラッシングスプレー」　マルハチ産業　03-5443-8611

COLUMN

これから、大掃除は夏に！年末はプチ掃除で。

年の終わりの大掃除。1年のうちにたまった汚れをキレイさっぱり掃除しましょう……と、ちょっと待って！　毎年の12月を思い出してみると、たいていクリスマスまでは年末気分になんてならないし、いざ25日が過ぎても、やれ年賀状まだだ、やれおせちの準備だ、忘年会だ、と年末はあれこれ忙しいですよね。

だから、僕が提案したいのは「大掃除は夏休み！　年末はプチ掃除」です。

実際それって理にかなっているんですよ。なぜなら、特に油汚れなどは気温の高い夏の方がやわらかくなって断然落としやすい。冷たい水でザブザブ洗う作業も、夏ならなんてことないですよね。洗ったものも使った掃除アイテムも、夏ならあっという間に乾きますし、換気も夏なら気持ち良いけど冬は窓を開けっ放しは寒くてキツイ。そして夏なら、汗をかいたり汚れたりしたなら、最後にサッとシャワーを浴びればいい。爽快な夏のシャワーは上がると寒い冬のシャワーとは別次元です。

子どもたちは夏休み、なんなら旦那さんだって夏休みかもしれないのだから、一家勢ぞろいで掃除できるわけです。しかも、夏休みならたいてい皆さん連れて行ってあげるプールや遊園地へのお出かけも「掃除のご褒美ね」って言えば、特別感が増すというもの。

また、子どもにとっては、換気扇やコンロなどの頑固な油汚れに立ち向かう特別な掃除こそむしろ楽しいはずです。すごい洗剤を使えば、感動が大きくて楽しさも倍増。そう、掃除を夏休みの宿題の自由研究テーマにしてもいいかもしれませんね。

年末の大掃除って、要するに家の中をキレイな状態にして新年を迎えられればいいわけです。ならば、大掃除を夏にスライドして、年末はプチ掃除としたって目的は十分達成できる。いや、むしろ「今年も大掃除が中途半端だった〜」という決まり文句を口にするストレスがないので、満足度が高いのではないでしょうか？

第2章

部屋干しもシミも怖くない！

すごい洗濯術

洗濯の悩みの代表は「シミ」と「生乾き臭」。
このストレスは先回りで解消しましょう。
部屋干し臭を防ぐにはこれ！
このシミがついたらこれ！
って、自分の中で先回りしてしっかり対処しておけば
もうゴシゴシ時間をかけなくて大丈夫。
もう洗濯には時間をとられない。
アイテムやテクニックにしっかり頼って
とっとと終わらせちゃいましょう。

僕が毎日、〝あえて〟部屋干しする理由。

僕は年中、ほぼ部屋干しばっかりです。その理由は、あの独特のイヤ〜な生乾きのニオイに悩まされることが全くないから。だから積極的に部屋干しなのです。もちろん、柔軟剤の香りだけでごまかしているわけではありません。

梅雨や、秋の長雨、また冬の寒い時期など部屋干しを避けては通れない季節がありますよね。そして、そのたびに部屋干し臭は皆さまの悩みのタネとなります。しかも、一度発生した部屋干し臭は、普通に洗濯機を回して天気のいい屋外で乾かすだけでは取れないから余計にやっかい。

だから未然に防ぎたい！　でも部屋干し臭との戦いは簡単ではありません。そもそも一般的に部屋干しを決断する時って「晴れるまで洗濯を待とう」と数日ためこんで、でもなかなか天気が回復しないから、「もう着替えがない！」と、仕方がなく踏み切る方が多いはずです。

だとすると、まずそもそもの量が多いから、洗濯物同士の距離が近くて風が通らず乾きにくい。だからといってお風呂場に干しても、どうにも効果は薄く、気づけば生乾きのイヤな臭いが発生してガックリ。ならば、と風呂場乾燥機を使い続けたら、月末の電気料金の明細を見てグッタリ。身に覚えはありませんか？

そもそも部屋干しのニオイの原因は、「モラクセラ菌」という微生物の大量繁殖です。しかも、そのフンがニオイの元だというから、ちょっとゾッとしますね。だから皆さま、なんとしてでもこの菌の大量繁殖を防ぎましょう。

いつの時も部屋干しオンリーの僕が、毎回気をつけていること、それが、皆さまにも覚えてほしいこの合言葉、

「タイムリミットは5時間！」。

そう、5時間以内に洗濯物を完全に乾かすことで、菌の繁殖、そしてニオイの発生を防ぐことができるのです。ただ、部屋干しで5時間以内に乾かすって結構難しいですよね。

だからこそ、気をつけるべきは洗濯物の「干し方」。すぐに真似できるちょっとしたコツと、これもまた誰の家にでもある某アイテムに頼ってしまうことで5時間乾燥は誰にでも可能となるのです。

5時間で乾かせる＝部屋干し臭から解放されるという自信を持てるようになれば、もう部屋干しなんて怖くない。そしたら、晴れる日まで洗濯を待たずに進んで部屋干しを選択できるので、溜め込まない。すると量も少ないため、より乾きも早くて一石二鳥です。気になるテクニックは80ページへ！

洗濯物の臭いの原因は部屋干しと、もう1つは……!?

洗濯物が臭う主な原因はこれまでにたっぷりと説明した部屋干し臭です。だから、まずは「タイムリミットは5時間！」を合言葉に干し方を改善してみてください。ですが、一部にはそれでも臭いが取れない……という方がおられるかもしれません。その時に疑ってほしいのが「洗濯機そのものの汚れ」です。

しかも、それはおなじみの「黒カビ」。

そもそも、洗濯機はカビにとって最高の住処です。なぜなら、まず洗濯機には溶け残りの洗剤や服に付いていた食べカスなどのエサが豊富。そして温度も、20～30度の適温であることが多く、さらに洗濯槽には適度な水分が残っていて湿度もちょうどいい具合。

すぐにできる簡単なコツは、

◎ゴミ受けをこまめに掃除する（ゴミがたまっていると湿ってカビの温床になりやすいため）。

◎洗濯後はすぐにフタを開ける、洗濯物はすぐに干す（干さない場合も、まずはフタを開け、洗濯物を取り出しておきましょう）。干した後も、洗濯槽を乾燥させるためフタを開けっ放しにする。

◎洗濯前の汚れた衣類は絶対に洗濯機にためず、洗濯カゴに入れておく（汚れた服を密閉されたところである洗濯機にわざわざ詰めては臭くなるのは当然です）。

それでもダメな場合は、「洗濯機の洗濯」に着手です！　これはぜひ使ってほしいスターアイテムがありますので、84ページをチェックしてくださいね。

効果劇的！
洗濯
スターテクニック

アーチ干し＆扇風機

生乾き臭完全に撃退。
徹底的に
5時間以内乾燥術。

風を制して5時間で完全乾燥！これなら誰でもすぐにマネできる。

ふだん洗濯物を干す時のことを思い出してみてください。洗濯槽から拾い集めてカゴに入れた順に、上着はハンガー、タオルや靴下、下着は小物干しとざっくり分けながら、ただただなんとなく干していませんか？

といっても、特別な難しい「干し技」をこまごまとお伝えするつもりはありません。そういうものは、聞いた瞬間はフムフムなるほどと思っても、難しかったりめんどうだったりすると、いつしかやらなくなってしまう。それでは意味がないですから。

松橋流は、すっきりシンプルです。やるべきことは、ただ一つ。「アーチ型」に干す。それだけです。

「アーチ型」に干すということは、小物干しならば外側にタオルなどの長いものを、内側に靴下などの短いものを干すということ。竿の場合は、お子さんの上着を挟むようにしてお母さんの上着を、さらにそれを挟むようにしてお父さんの上着を外へ外へと干していけばいいのです。また、色の濃い物を外側にするとより効果的です。

アーチ型にすると早く乾くのは、アーチの内側で発生する上昇気流のため。両サイドに長い洗濯物があると内側に空気がたまって温度が上昇し、その暖かい空気が自然と上にあがる、という仕組みです。この空気の循環が洗濯物の乾燥を促してくれるわけですね。

そう、干す時に最も大切なのは「空気の循環」です。だから、空気のこもる部屋干しでは人工的に空気を循環させてあげることが必要となります。そこで登場するのが、夏の定番、誰もが持っている「扇風機」です。

この扇風機を、ちょうど洗濯物の下半分周辺をめがけて首ふりでスイッチオン。これで、5時間乾燥も当たり前、部屋干し臭とサヨナラできることは間違いないでしょう。我が家ではいつもこの2つを取り入れて部屋干ししています。だから部屋干しストレスがないどころか、大好きな柔軟剤の香りも引き立つしで、部屋干し愛は深まるばかりなのですよ。

アーチ干し&
扇風機テクニック

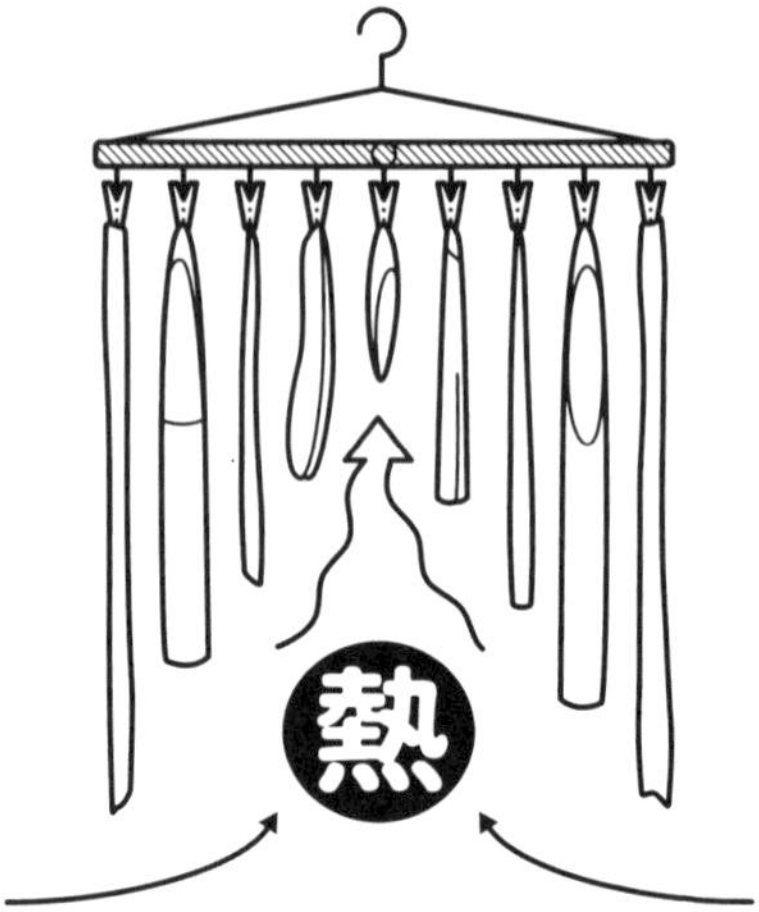

アーチ型になるよう意識して、外側から長い順に干しましょう。もし、黒や色の濃い洗濯物があったら、熱をためこむ効果があがるので、それらを外側に干すようにすると、より熱がこもって効果的に上昇気流を発生させることができます。

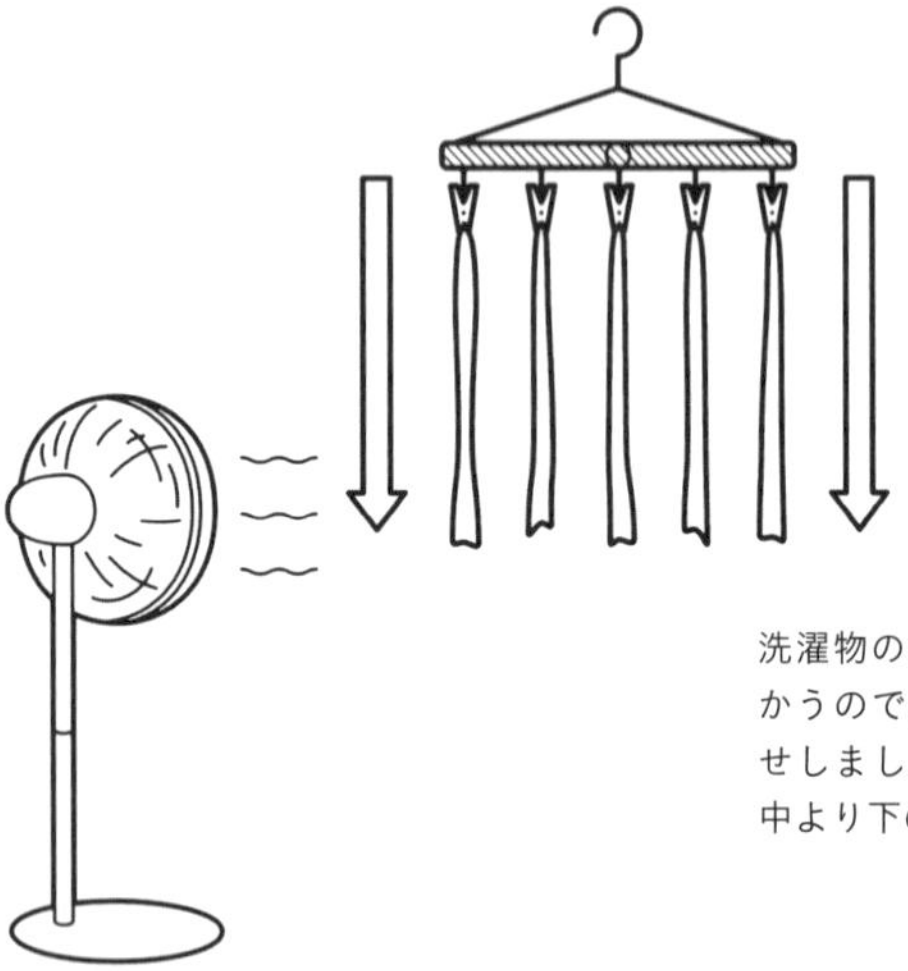

洗濯物の水分は重力で下へ下へと向かうので、扇風機の風も下で待ち伏せしましょう。首振りにして、真ん中より下の部分を狙ってください。

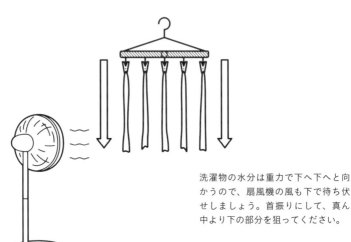

生乾きのニオイを
スッキリ取る方法

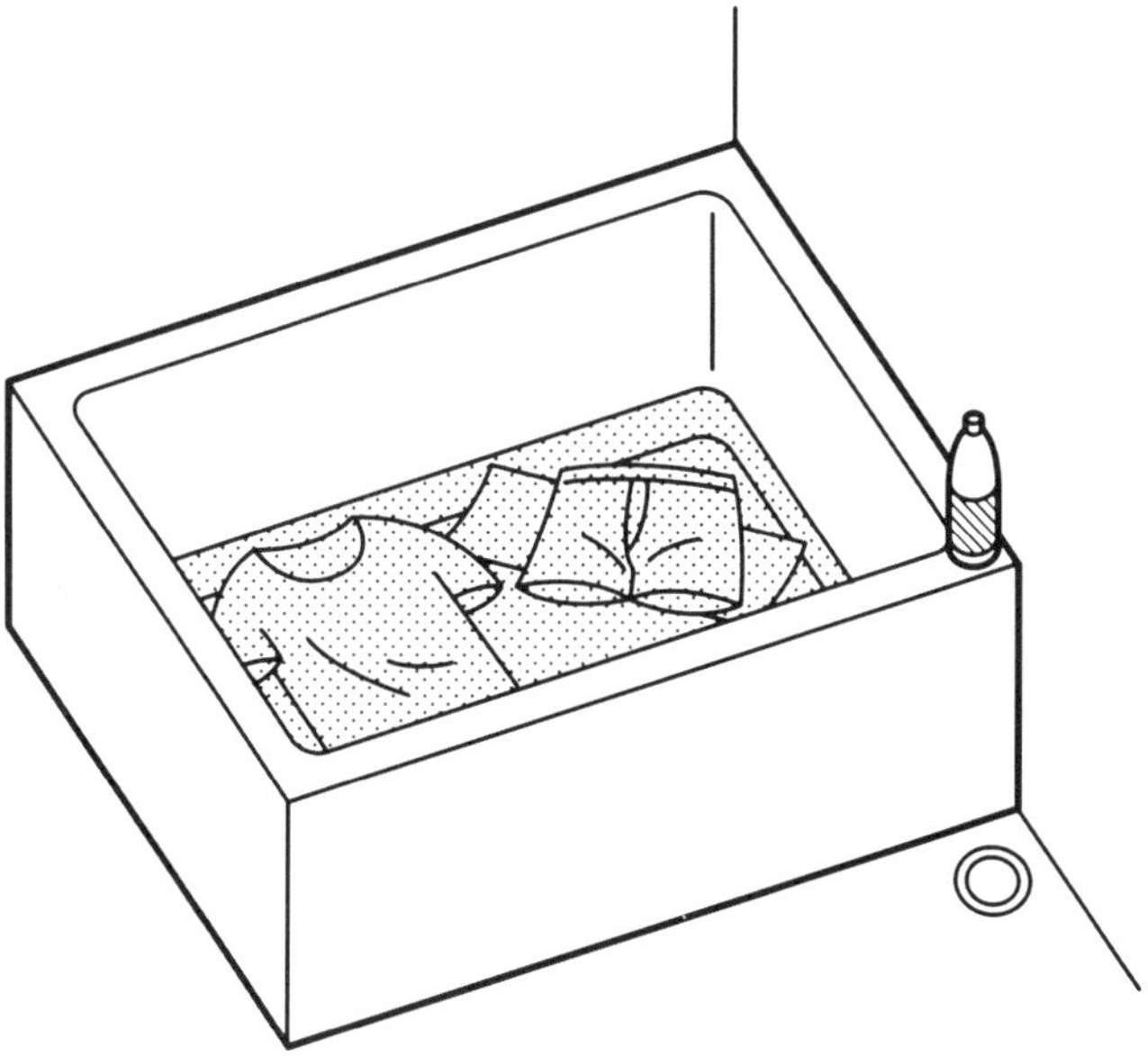

一度、生乾きのニオイがついてしまったら、洗濯機に入れる前に、湯船に10cm程度ちょっと熱め（45℃くらい）の湯を張り、洗濯用洗剤を少量入れてちょっとザブザブとなじませ、少し置いておきます。この予洗いで、生乾き臭の原因菌をやっつけましょう。

効果劇的！
洗濯スターアイテム
1

エスケーすっきり
洗濯槽クリーナー

500g×2袋　972円
エスケー石鹸株式会社　0120-641-412　http://www.sksoap.co.jp/

すばやく溶けて、強力発泡で汚れをどんどん剥がしてくれる。
エスケー
すっきり
洗濯槽クリーナー
酸素系漂白剤とせっけんが原料
洗濯機の奥の、見えないカビの住処も一掃してくれるのです。

洗濯機だって洗ってほしい！
泡の力で洗濯槽の黒カビを一掃。

内部の温度も湿度も丁度よく、そして洗剤カスなどが落ちていたりとカビにとっては快適そのものの洗濯機。しかも、皆さまにとって最も馴染み深い縦型の全自動洗濯機は、洗濯槽が二重構造のことが多く、すき間にせっけんカスなどがたまったり、湿気もこもったりしがち。そのため、よりいっそうカビが繁殖しやすいのです。一説によると、洗濯水1mlあたりカビ胞子４０００個以上になることもあるとか……。

相手がカビとなれば、気になるのはニオイだけじゃない。アレルギーなど健康への被害も心配ですよね。だから、ニオイが気になっても気にならなくても、ぜひ3ヶ月〜半年に1度は「洗濯機の洗濯」を大決行してください。

といっても、身構える必要はありません。ここでも頼るべきは、スターアイテム。その名も「ヱスケーすっきり洗濯槽クリーナー」。主成分である過炭酸ナトリウムの強力な泡が洗濯槽の黒カビを物理的にはがし取ります。また、泡のおかげで洗浄成分の純石けんもよく溶けてよく泡立つ。あなたの代わりに黒カビ落としをとことん頑張ってくれるのです。

洗濯槽に水または30〜40℃のぬるま湯をためてアイテムを1袋入れ、3〜4分間運転して溶かしたあと、スイッチを切って、フタをしたまま3〜4時間。そっとのぞき見てみると、わかめのような黒い浮遊物がたっぷり浮いて、世にも恐ろしい光景です……。それを見た人は誰もが定期的洗濯槽掃除を決意するのではないかと。

さて最後に、ごっそりはがした黒カビを捨てるときに便利なアイテムを紹介します。必要なアイテムは家にある針金ハンガーと排水口や三角コーナーの水切りネットの2つだけ。ハンガーを丸く虫取り網のように広げて伸縮性のあるネットを引っ掛ける。それでカビをすくえば道具を洗う手間もなくネットだけをスポッと取ってそのまま使い捨てできるので便利ですよ！

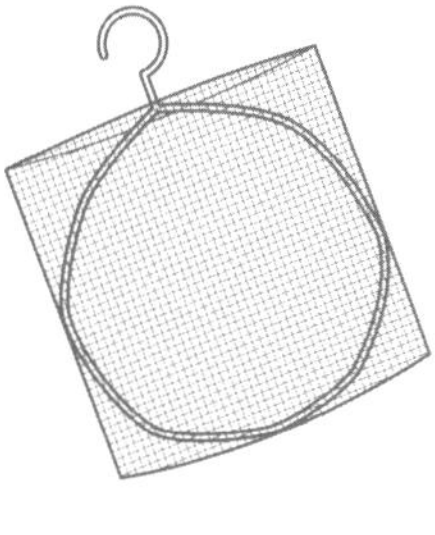

アイテムに頼れば、あれほど嫌だった シミだってついてほしくなる。

お友達と優雅にランチして帰ってきて、ふと目をやるとお気に入りの洋服にさっきのパスタのシミがついていたなんてことがありますよね。子どもなんて、アンタこれどうやってつけたの？　ってところに食べこぼしのシミを作ってきたり、靴下も真っ黒にしてきたり、旦那さまのワイシャツも、昨日洗ったのに1日でこんなに襟って真っ黒になるの？　ってほど汚れていたり、様々なシミが毎日どんどん出てきて、お洗濯する身としては、洗面所で「キャー――」って、ホーム・アローンばりに叫びたくなりますよね。

でも、これは仕方のないことですよね。生活していれば汚れてしまう。それは防ぎようのないことですものね。あきらめましょう……おやすみなさい。わぁ、ダメダメ、寝ちゃダメです！　泣き寝入りするわけにはいきません。落とすのに面倒でひと苦労だというイメージのシミも、そのための対処法やアイテムを準備していたならもう安心。いちいち悩まずに速やかにシミ抜きできる、それどころかもう試してみたいから誰か早くシミつけてみてくれないかな、なんて発想にまでたどり着くかもしれません。

では、シミ抜きの簡単な概要を説明させていただきますね。

①シミはついてすぐが勝負、すぐ対処！
②白い生地には、「ウタマロ石けん」で決まり！
③色柄ものも強力に落とす「オキシクリーンマックスフォースジェルスティック」
④自宅シミ抜き最後の砦「純愛」

②〜④は後のページで詳しく説明するとして、何よりも最初に覚えてもらいたいのが、「シミはついたらすぐ落とすことが何よりも大切」ということです。ついてすぐなら大抵のシミはとても簡単に落とすことができるのです。「そんなの知っているんだよ、できないときはどうすればいいんだよ」なんて声が聞こえてきました。

では、例えばバーベキュー場で鉄板の上の料理の油や焼肉のタレがハネたりしてしまったとします。そんな時は、洗い場へ向かってください。そこには食器用洗剤がありますよね。それでもみ洗いしてあげてください。

食器用洗剤というものは食品の油にとっても強いので、ついてすぐの食品の汚れを取るのに最適なのです。出先での食べこぼしジミ、油系のシミなど、とりあえず食器用洗剤です。ホテルなどでも借りやすいと思うので、まずこれで対処する。全部落ちなくても後でシミ抜きするときに大分楽になります。血液がついたときだって、すぐなら水で大分キレイになります。ちなみに、お湯は厳禁です。固まってよりシミになってしまうのです。あと、消毒液があったら結構落ちるので使ってみてください。

とにかく、シミは、時間が経てば経つほどその色素が生地に沈着して定着してしまうのです（シミの構造図をご参照ください）。

ただし、サビや油性ペンなどのシミやシルクなどの素材は一般人では落としにくい上、こすりすぎて生地を傷めたりする可能性もあるのでプロに頼っちゃうのが得策だと思います。

〈シミの構造〉

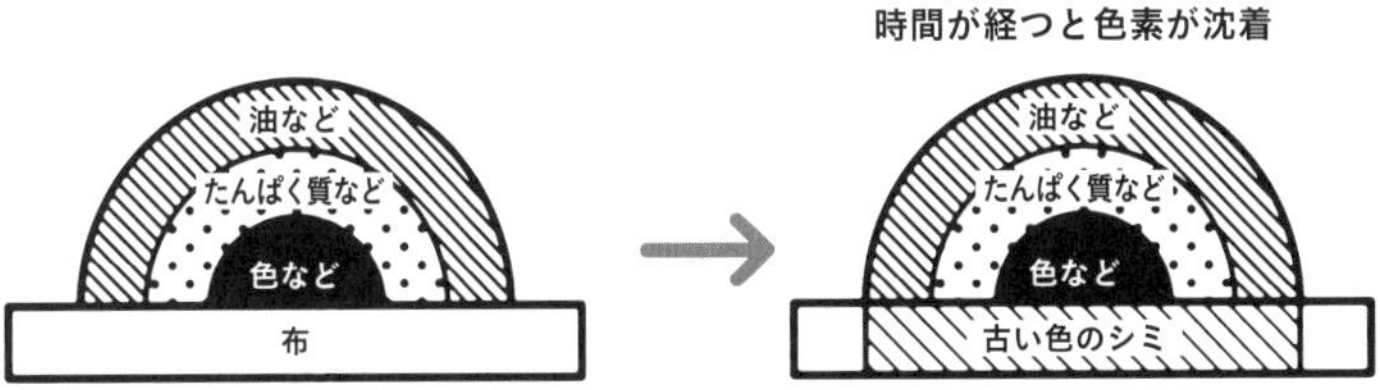

僕が「除菌ジョイ コンパクト」が好きな理由は優れた除菌力と濃縮パワーで使用量が少なくても食べ物系汚れにしっかり効果を発揮してくれるところです。ギトギト汚れにズバッと効果を発揮してくれます。

効果劇的！
洗濯スターアイテム
2

ウタマロ石けん

133g（製造時重量） 173円
東邦 06-6754-3181 http://www.e-utamaro.com

白をよりいっそう白くしてくれる。
ガンコな汚れも簡単キレイ
エリ・ソデ、くつ下、泥汚れなどに
ウタマロ
洗濯石けん
除菌・消臭
株式会社東邦
頑固な汚れに使われ続けて50年以上。

白いシャツ、白い靴下、白い生地の頑固な汚れは全部ウタマロ石けんで！

白の特別感って、本当にすごいですね。白シャツを着た時の背筋が伸びる感じは言うまでもないし、とある引っ越し屋さんでは、新居に荷物を運び込む際には必ず真っ白の新品靴下に履き替えるそうです。

と、それを分かってはいるのだけど、ついつい自分で買うときはシャツは柄の入ったものを、靴下は黒やネイビーを選んでしまいませんか？　白は美しいからこそ、ただ一点のシミだって、ものすごく目立つのです。

でも今日からは、まだついてもいないシミの心配などせず、白を選びたい時はまっすぐ選んでください。たとえシミがつく日が来ても、スターアイテム「ウタマロ石けん」が待っていますから。

これは、まずワイシャツの襟や袖に使ってほしいです。白靴下の泥汚れも、白シャツについた食べこぼしやボールペンも、襟の皮脂汚れもファンデーションも、白スニーカーの黒ずみも。汚れへダイレクトに、せっけんの緑色がつくくらい塗りこんで、次に緑色がなくなるくらいまでもみ洗い、もしくはブラシなどで洗う。あとは、他の洗濯物といっしょに洗濯機へ放りこむだけで白くなって帰ってきてくれます。

しかも1個、百数十円ですごく安い。その上、固形せっけんなので、すごく長持ちするのです。

「白をいっそう白くする」。「ウタマロ石けん」のパッケージにはこう書いてあります。なんとも心強い言葉じゃありませんか。とにかくこの商品は原料選びから製法まで全て「汚れを落とすこと」、1点にこだわって作られています。だからこそ、輝く白さを実現できるわけです。

白さを追求して50年以上、今では一般家庭だけでなくスタイリストさんが仕事で使ったり、日舞の先生が足袋の汚れ落としに使ったりとプロの世界でも広まっています。皆さま、これがあればもう白い服は怖くありませんね。

効果劇的！
洗濯スターアイテム
3

オキシクリーン
マックスフォース
ジェルスティック

175g　756円
グラフィコカスタマーセンター　0120-498-177　http://www.graphico.jp

あらゆる**汚れ**に**対応**してくれる
シミのスペシャリスト。

僕は常に持ち歩くほど
信頼しています。

僕が常に持ち歩く1本は、あらゆる素材やシミに強いオールラウンダー。

実は、シミ抜き洗剤オタクの僕は、常にシミ抜き剤を持ち歩いているのです。しかも、東急ハンズで買った小さな容器に詰め替えて。芸人仲間はプライベートもやんちゃなので、よくお店ではしゃいでワインをこぼしたりするわけです。だから、そういうときにサッと取り出して洗面所で洗ってきてあげる。だって、しつこいようですがシミ抜きは初動が肝心ですからね。

その小さな容器にいつも入れているのが、今回紹介したいシミ抜きメソッドの2つめ、スターアイテム「オキシクリーンマックスフォース ジェルスティック」なんです。なぜコレを持ち歩くのかというと、油汚れもタンパク質系の汚れもあらゆる汚れに対応できる酵素を洗剤成分とともに配合しているから。これ1本で万能で、たいていのシミには立ち向かえます。しかも、色柄ものＯＫで、衣類に優しい。相手が何を着ていてもほとんどの場合、問題なくシミを落としてあげられるわけです。

と、これだけでも十分すごいですが、まだこのスターアイテムの6割の良さしか伝え切れていないんですよ。

確かにこれは本当に万能で、だからこそ外にまで持ち歩くわけですが、このアイテムが最も輝くのは、家の洗濯でこそなのです。それは、スティック本体の先についた「直塗り消しゴムヘッド」に秘密があります。

というのも、この特殊構造のボコボコしたゴムヘッドを、汚れた襟や袖、また食べこぼしなどのシミに直接押し当ててこするだけで、手を汚さずにしっかりと塗りこめる。そして、そのままいつも通り洗濯機にかけるだけで、まるでもみ洗いしたかのような真っ白な洗い上がりになるのです。何もせずともそうなのだから、もみ洗いまでしてしばらく置けば、その効果は、言うまでもありませんね。

本当にオールラウンダー。もう今後、色柄もののシミはこの「オキシクリーンマックスフォース ジェルスティック」に頼るって決めてしまってはいかがでしょうか？

効果劇的！
洗濯スターアイテム
4

純愛

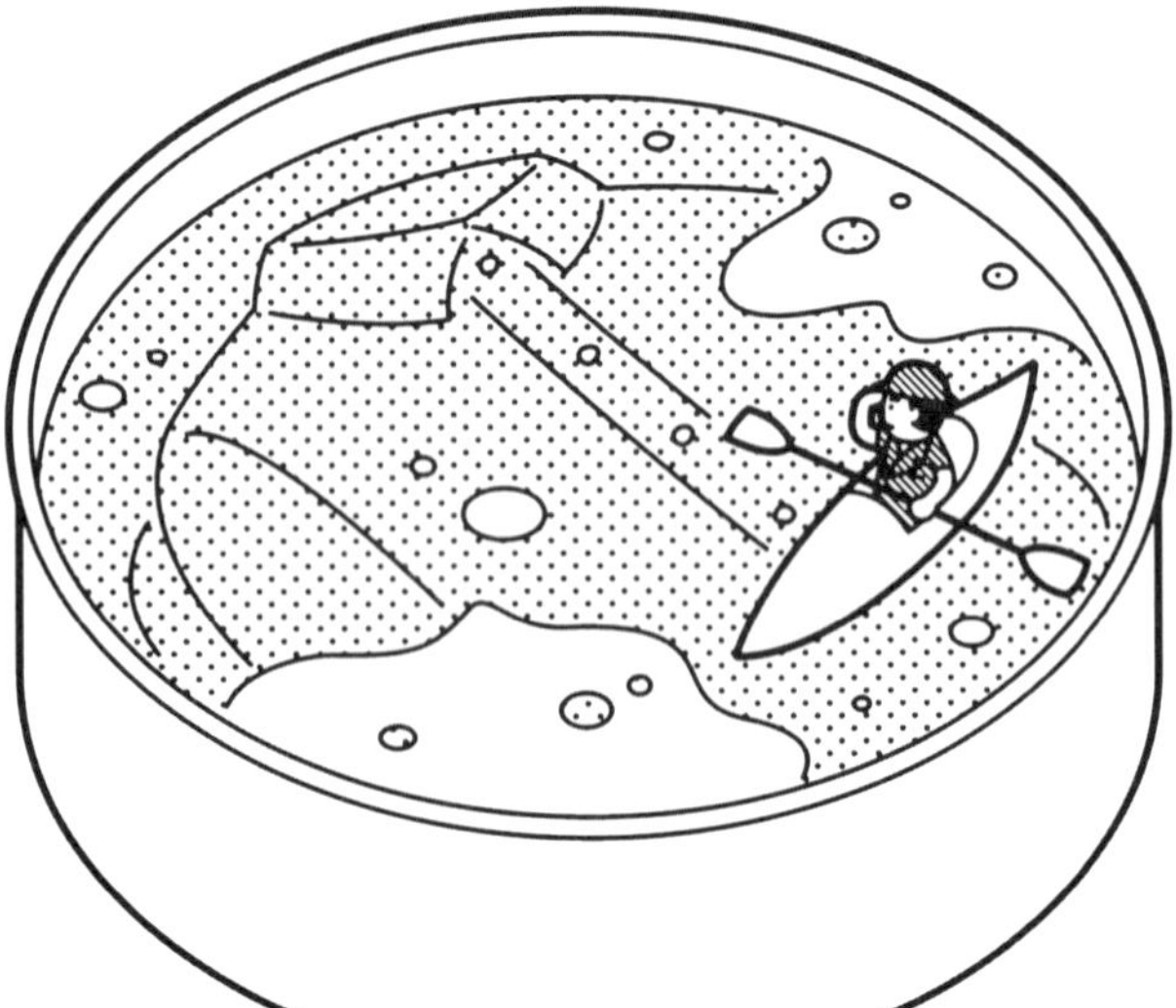

400g 1,706円
きれい研究所　018-853-5830　http://www.yogoreotoshi.com

粉末酸素系漂白剤の
てっぺん。
シミ抜き
専用酵素
純愛
いろんなものをつけこんで
生き返らせましょう。

自宅シミ抜き、最後の砦。酸素系漂白剤、繊維への「純愛」。

お気に入りの洋服だったから、いろんな洗剤でもみ洗いして頑張ったけれどやっぱり、シミが落ちない……。もう、サヨナラするしかないの!? という方へ。どうか、あきらめてお別れする前に、最後にこのスターアイテム「純愛」を頼ってみてください。

酸素系漂白剤とは? という方もいると思います。まず塩素系漂白剤。「ブリーチ」って聞くとピンときますか? 色柄物にハネたらそこだけ色が抜けるほど、ガッチリ漂白する白い物専用の漂白剤。一方、色柄物だって大丈夫なのが酸素系漂白剤なんです。

「純愛」は何がスゴいのか。まず一つめが、「酵素」です。「酵素のパワーで真っ白に」とはよく聞くように、汚れの原因を分解する力を持つ酵素。「純愛」には、その酵素がたっぷりと含まれており、その量も一般的な洗濯洗剤とは比べ物にならないのです。

しかも「純愛」は、血液のシミや、皮脂などによる繊維の黄ばみなどのタンパク質の汚れに強い酵素が配合されているので、頑固なシミの原因の1つであるタンパク質汚れをしっかり分解します。

そして、酸素系漂白剤の常識を打ち破る。その理由が「漂白活性剤」の存在。この成分が酸素系漂白剤の主成分である過炭酸ナトリウムと結びつくと、漂白効果がぐーんとアップ。スーパー酸素系漂白剤へと変身するわけです。

この2つの効果がそれぞれに補い合いながら頑張ってくれる「純愛」は、つけこむ時間を長めにとりましょう。さらに温度も大事で40℃ほどで酵素が一番働くので温かいお湯を使ってください。その際は洗濯絵表示に従って温度調節してください。

もちろん部分洗いにも向いております！　汚れた部分に少量の「純愛」とお湯を振りかけてブラシで洗ってあげてください。

ちなみに、「純愛」に含まれる漂白成分には高い除菌効果があるので、部屋干しのイヤなニオイの消臭まで頑張ってくれます。この健気な愛情、商品名とパッケージの「指切り」のイラストに偽りなし。自宅シミ抜き最後の砦は、常備したいすごいアイテムです。

効果劇的！
洗濯スターアイテム
5

シミ抜き用コップ

シミ抜きは温度が大事。
家で簡単に作れるシミ抜きマシーン。

シミ抜き洗剤の効果をアップさせる裏技。

漂白剤を使ってみたけど落ちなかった……そんな時はシミ抜き洗剤の能力を最大限引き出してあげましょう。皆さまにも「すごいキマってる」日と、「髪もまとまらないし最悪」な日があるように、たまたま洗剤が本調子じゃなかっただけかもしれません。

というのも、洗剤って実は40℃くらいの水温で効果が発揮されやすくなるのです。ただ、全体的についた汚れなら「純愛」を入れたお湯につけこめばいいですが、一部分だけシミ抜きしたい時にその部分だけ温める術がありません。

だから開発しました。家にあるものだけで作るシミ抜き効果アップマシーン。これを使えばシミ抜き効果が向上。さらに、シミ抜き時に「超電水クリーンシュ！シュ！」やセスキ炭酸ソーダを加えると洗剤のアルカリ度が上がり、洗浄力向上も期待できますよ。

●シミ抜き用コップのハウツー

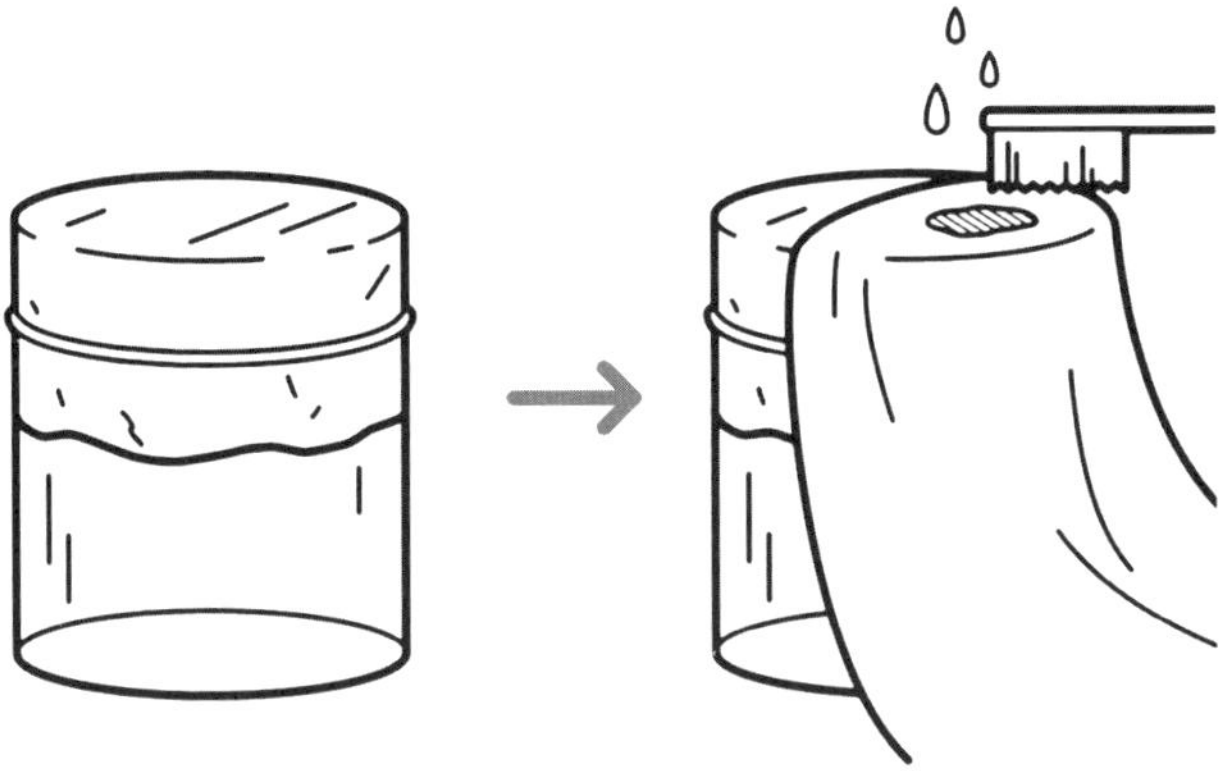

1. 安定感のあるコップに40℃ほどのぬるま湯を表面ギリギリいっぱいまで入れてラップをし、ゴムで止める。

2. ラップを張った上にシミのついた部分を置き、洗剤をつけて歯ブラシで優しく叩くようにして汚れを移すイメージ。もしくは優しくこすれば、洗剤の効果倍増です！

注意

使用の際には、洗濯表示に従ってください。以下のような洗濯表示の衣類は、30℃の水をコップに入れて使用してください。

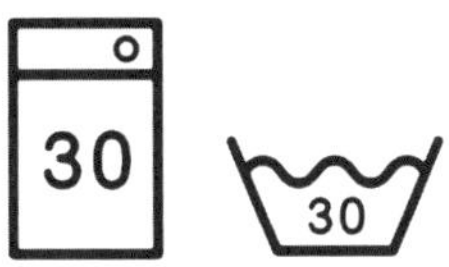

最速でキレイ！　松橋流ノーストレス洗濯理論①

洗濯機は一番上の水位を使わない。

例えば、皆さまが日頃使うパソコンやスマートフォンも、内蔵メモリの容量いっぱいまで写真や動画をためこんでしまうと、いつもはサクサク開けるメールの開封にもえらい時間がかかったり、ときに電源が落ちてしまったり、性能が落ちますよね。

人間もそう。週7日ぎっちり休みなくスケジュールが入っているとパンクしてしまって、ミスが出たり忘れ物したり、良いパフォーマンスは期待できないですよね。

それと同じことが、洗濯機に言えるわけです。詰めこみすぎてしまうと、十分に撹拌したりたたき落としたりすることができず、汚れが十分に落ちてくれません。

では、少量ずつこまめに洗濯すればいいのかというと、それも違うのです。洗濯物が少なすぎても、摩擦が起こらず汚れが落ちにくくなってしまうし、電気代や水道代が余計にかかってしまうのです。ご存知でしたか？

ということで、洗濯機が一番気持ち良く働けるのは容量の70～80％程度で稼働するときです。それならば、汚れ落ちがよく、またコストパフォーマンスもいい。簡単な目安としては、最も上の水位を使わないとならないならば、やっぱり詰めこみすぎ。その１つ下を使う程度で動かすようにサイクルを作るのが一番なのです。

だから、今後新しく洗濯機を買おうと思われる方に、１つアドバイスです。少々値段が高くなったとしても、自分が思うより１つだけ上の容量を意識して選んでみてください。５キロだなと思うなら、８キロを。８キロならば10キロを。

家族が多い家では、洗濯物のたまるスピードは尋常ではありません。何かの都合で１日予定がズレてしまっただけで、洗濯カゴはあふれかえります。それを見るだけでグッタリするのに、いざ洗濯を始めても１回では洗いきれないとしたらストレスは倍増だと思います。

そのストレスと、最初の数万円の違いを考えた時、きっと買う時にちょっと頑張っておく方が結果的に精神的にも経済的にも得だろうなと僕は思うのです。

最速でキレイ！　松橋流ノーストレス洗濯理論②

洗剤は量を間違うとムダになる！

洗濯する時って、洗剤をたくさん入れた方がその分汚れもたくさん落ちそうだとか、この洗剤は香りが強いから、少なめの量で洗おうとか自分の感覚で調整してしまいませんか？　僕も昔はそうでした。少し多めに入れたら香りも残るし、いいじゃんって。

ですが！　洗剤は少なくても多くてもいけません。「規定量」とは、しっかり溶けて効果を発揮するよう計算された最適量だから。でもスプーンやキャップできっちり計るのは面倒ですね。また、キャップの溝に洗剤が詰まってカチコチ……あるあるですよね。そこで僕が頼るのはP&Gの「アリエール　パワージェルボール」です。計量なしでポンッと投げ入れるだけで1回分の最適な量で洗濯できる。それは、水で溶けるフィルムに閉じこめたジェルボール型だからこそ実現できます。もうやみつきです！

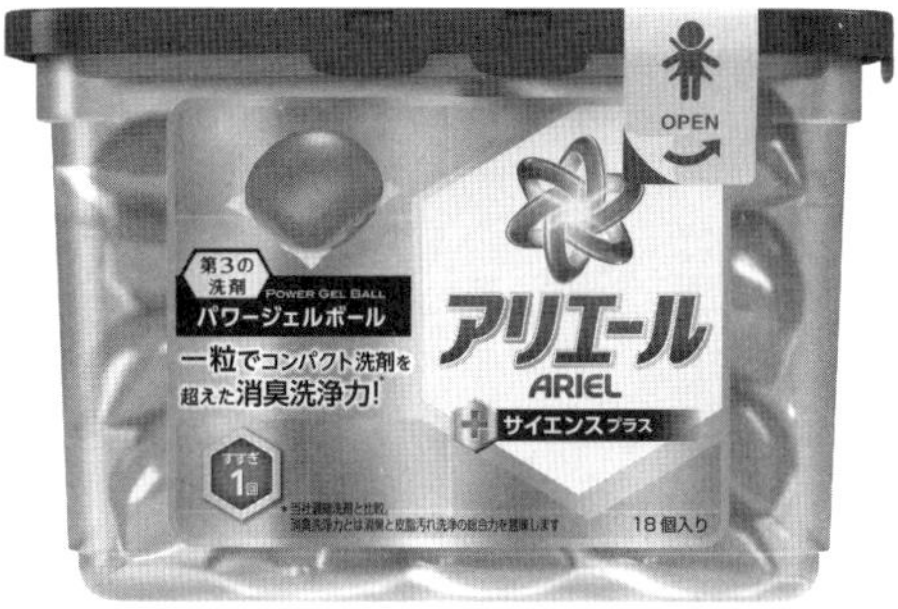

アリエール パワージェルボール

洗剤の大革命！　すでにご存知の方も多いですが、今までの洗剤をただパックしたという使いやすさだけじゃないのです。実は従来の洗剤は成分の約65%が水分なのに対し、ジェルボールはなんと約90%が洗浄成分。さらに頑固なしみや汚れの洗浄を助ける「キレート剤分子」という成分をこのジェルボール型にすることで高濃度で均等に配合できるようになりました。だから汚れ落ちも大革命！

18個入り 461円 ※編集部調べ
プロクター・アンド・ギャンブル・ジャパン
0120-021321　https://www.myrepi.com/tag/ariel-products-gb

最速でキレイ！　松橋流ノーストレス洗濯理論③

柔軟剤は香りと柔らかさ、だけじゃない。

洗濯は、毎日やる側からしたら作業であり、もはや面倒な雑務。できるなら誰かに代わってほしい、楽しいだなんて言っていられない作業だと思います。ですが洗濯物を取り込む時に柔軟剤の爽やかな香りが通り抜ける、あの一瞬だけは癒されたりしないでしょうか？「やっと全部乾いた〜あとはたたむだけ〜」なんて、自分好みの香りに包まれながらお洗濯のウイニングランを駆け抜けるなんて、あるあるではないですか？逆にあの瞬間に生乾きの臭いがしてきた時には……、もうそこにある洗濯物を物干し竿ごとぶん投げたくなりますよね。もう、たぶん投げたことある方もいると思います。

だからこそ、皆さまの面倒な洗濯の中の癒しの時間を、あの聖域を、僕は守り抜きたい。これを機に柔軟剤を効果的に、最大限利用していただきたいのです。

まず、柔軟剤を使うと、衣類の表面に油の膜のようなものが作られることによって繊維同士の摩擦抵抗が小さくなり、なめらかな肌触りになったり、静電気を防いだり、毛羽立ちや毛玉ができにくくしてくれます。

その柔軟剤の効果を最大限引き出す方法は、①規定量をしっかり守る！　②洗剤と混ぜない！　こう見ると簡単なことですが、実は陥りやすいミスが潜んでいるのです。

まず①ですが、洗剤の時と同じく規定量より多くても少なくても効果は発揮されません。そして②、これはかなり大事です！　後で混ざるからいいじゃんと思って、最初に洗剤と柔軟剤を同時に入れたりしないでください。大抵の洗濯機には柔軟剤を入れるポケットがありますので、そこにちゃんと規定量を入れましょう。規定量を越えた分は洗濯槽に流れ出る機種が多いと思いますので、ポケットをちゃんと使われる方でも香りが好きだからと多めに入れると漏れて洗剤と混ざってしまう可能性があるのです。

これがなぜ良くないかというと、柔軟剤の成分は陽イオンで、それに対して洗剤は真逆の陰イオン。なので、これらが混ざると打ち消しあってお互いの効果を発揮できなくなってしまうのです。すると汚れは取れず、柔らかくもならず、香りだけが残って洗濯が終わってしまう……最悪です。

洗濯が終わりたての時はいい香りだったのに乾かしてみると生乾き臭がしたり、汚れが落ちきってなかったり。そんな経験がある方は、これが原因の可能性も。さらに、ここまでのページで紹介した、洗濯機を清潔に保ったり、生乾き臭が生じにくい干し方などのテクニックと組み合わせれば最大の効果を発揮させることができますよ。

さて、柔軟剤の市場は拡大されていて、パッケージを見れば「抗菌」や「防臭」、「チクチク防止」、「洗濯ジワ防止」など、それぞれに特化した効果があり種類も豊富ですよね。ということで、普段から柔軟剤はなるべくいろんな種類を試してきた、自称「柔軟剤ソムリエ」見習いの僕が、おすすめの柔軟剤を紹介したいと思います。

まず最初は、「フロッティ」です、ドイツのドマル社のもので、環境意識が高いドイツだけあって自然に優しい原料で製造されているのですが、柔軟剤としての品質は保たれており、吸水性もよくしっとりと仕上がります。バルサムという香りがお気に入り。

続いて「ラボン ルランジェ」ですが、高級なリゾートホテルのファブリックからするような香りがお気に入りで使い始めたのですが、しっかり柔らかく仕上げてくれるのと植物由来の成分で赤ちゃん用衣類にも使えるほどの優しさがおすすめポイントです。

そして、僕が一番長く愛用し続けているのは「レノアプラス」です。いろんなお店でよく目にするからってあなどるなかれ。ふっくらと仕上げてくれて、優れた抗菌防臭効果、さらに生乾きを防ぐ速乾効果、ユーカリ消臭カプセルによる自動消臭、これだけ消臭につとめてくれて香りも主張しすぎずしっかりと香ってくれる。それでいてこのコストパフォーマンス。日頃のお洗濯に最適です。以前、後輩のジャングルポケットの斉藤くんが電話をかけてきて神妙な声で「あの…松橋さん……相談があるのですが、いつも使ってる柔軟剤教えてください、いい匂いだから知りたくて……」と聞いてきました。わざわざ電話してきてまで聞くことか？　とは思いましたし、できれば女子にそう思われたかったのが本音ですが、その時使っていたのがこのレノアプラスでした。

そして、最後は豪華でリッチな柔軟剤「ミューラグジャス」。上質でリッチですが自然なリラックスできる香りで、仕上がりもふわふわ。6種の天然由来成分で安心して使えます。4種の高級美容成分、5種のオーガニックエキスが配合されていて、ちょっと贅沢をしたい時、プレゼントなどにいかがでしょう。ぜひ試してみてくださいね。

「柔軟剤ソムリエ」松橋が選んだ、4つのおすすめ

ラボン ルランジェ ラグジュアリーフラワー

天然由来の香料を使用していて赤ちゃん用衣類にも使えるほど。「パフュームの香りに包まれる柔軟剤」と言われる高級リゾートホテルみたいな品の良い香り。この柔軟剤も芸人仲間にこの香り何？　と聞かれてその場でアマゾンで購入させたことがあるほど評判良しです。

600ml 497円
パネス
0120-101-566
http://www.lavons.jp

レノアプラス フレッシュグリーンの香り

ジャングルポケット斉藤くんがわざわざ電話してまで知りたがった「フレッシュグリーンの香り」。脱水時の水切れがよく、乾きやすくなるため菌が増殖しにくい、ユーカリ消臭カプセルで自動消臭まで兼ね備えてこのコストパフォーマンス！

600ml 354円 ※編集部調べ
プロクター・アンド・ギャンブル・ジャパン
0120-021321
https://www.myrepi.com/tag/lenor-plus

ミューラグジャス
ファブリックソフトナーR

上質でリッチでリラックスできる香り。仕上がりもふわふわ。6種の天然由来成分でお子さまの衣類にも安心して使えます。4種の高級美容成分、5種のオーガニックエキスが配合で、ちょっと贅沢をしたい時、プレゼントなどにも。

500ml　1,609円
プランティア
0120-305-817
http://p-colle.net

フロッティ
バルサム

“ドイツでドマル社の洗剤を使ったことがない人はいない”というくらい有名な洗剤メーカーの柔軟剤、さすが環境大国ドイツだけあって。生分解率※99％以上の原料のみを使用した環境にやさしい柔軟剤です。爽やかなソープのような香りも好きです。

1000ml　648円
ジャパンインターナショナルコマース
03-5790-2345
http://www.jicworld.co.jp/domal/frottee/index.php

※排水された洗剤成分が微生物によって分解され、水と二酸化炭素になる性質であること。水質への負担が低くなる。

最速でキレイ！　松橋流ノーストレス洗濯理論④

STOP！　それはクリーニングに出さなくてもいいかも！

「これってクリーニング店に出した方がいい？」

おそらく誰もが一度は、そう迷って人に聞いたり、インターネットで調べたりしたことがあるのではないでしょうか。特に衣替えの時期など、夏はレーヨンのワンピースやシルクのブラウスに、冬はカシミヤのセーターやダウンジャケットに「これはどっち？」と首をひねる。特に女性用の服は素材もデザインも様々なので、安易に洗濯機で洗うと、シワシワになったり、デザインが崩れたりして後悔するハメになりますよね。

クリーニングへの価値観は人それぞれで、育った環境や、今現在の生活スタイルによっても全く異なります。例えばワイシャツ一つとっても、最近は形状記憶加工タイプも多いこともあって「一度もクリーニングに出したことない」という人もいれば、「毎回クリーニングと決めている」という人もいるでしょう。その中間の慶弔用だけはクリーニングに、という人もいるかもしれません。

僕自身は、お金を払ってプロに頼ることは賛成です。かかるお金とかかる時間の両方を考えて、そこは合理的に選んでほしいと思います。でも、そもそもどっち？と選べない場合のために、一般的に家で洗わずクリーニング屋さんにお願いした方がいいと言われる衣類を簡単にご説明すると……

×型崩れしやすいスーツなどの衣類やシワになりやすい麻のジャケット、凝ったデザインの服など、自分でアイロンをかけられないもの。

×絵の具の顔料やヘアカラー剤、また時間が経って沈着・定着してしまって自分では落とせないシミがついた衣類。

×シルクやレーヨン、毛皮、革製品など縮みや色落ちが起こりやすい素材。

そして一方、要クリーニングに見えて「実は家でも洗える！」というのが次のものです。

◯レーヨンやシルクなどがメイン素材でも20～30％程度の化学繊維（ポリエステル、アクリル）が混紡されている場合。

○ダウンジャケットでも天然の羽毛ではない場合。
○洗濯表示を見て、112ページに該当する場合。
ただし、これらの原則に縛られすぎることはありません。例えば、大事なプレゼン前にはシャツをクリーニングに出すと決めているとか、このブラウスのエリのデザインはクリーニングに出した方がきっちりキマるとか、自分だけのルールがあっていいと思うのです。そうやって、ぜひクリーニング屋さんに頼って仲良くなってください。

ちなみに、「プレミアムコース」のような少々高価なメニューを見つけても、まずは内容の確認を。なぜなら、プレミアムの意味合いが「高価なハンガー」やスーツなどにかぶせる「しっかりしたカバー」というだけの場合がありますので。そうではなくて、繊維の潤いを回復する特殊加工材やシミをつきにくく、また落としやすくする微撥水加工などならば、必要に応じて試してみるのもいいですね。

● このマークがあれば水洗いできます。

洗濯機洗いマーク

手洗いマーク

「ドライクリーニングができる」
という意味なので、
ホームクリーニングも可能です。

ダウンジャケットも家で洗えるんです！

①ファー付きのものなどで取り外せるものは外して、浴槽に15cm程度ぬるま湯を張る。
②そこへデリケート衣類用洗剤を適量入れてダウンをつけこみ、両手で優しく沈めるようにして押し洗いします。この時手袋をつけて洗うと、一緒に洗濯できるので、一石二鳥です。
③数分洗ったら一度お湯を抜き、キレイなぬるま湯を張って、またその中で優しく押し洗いして、しっかりと洗剤をすすいでください。
④すすぎが終わったら洗濯機の脱水に２分だけかけてください。取り出してみて、まだぬれていたら、さらに２分脱水にかけます。

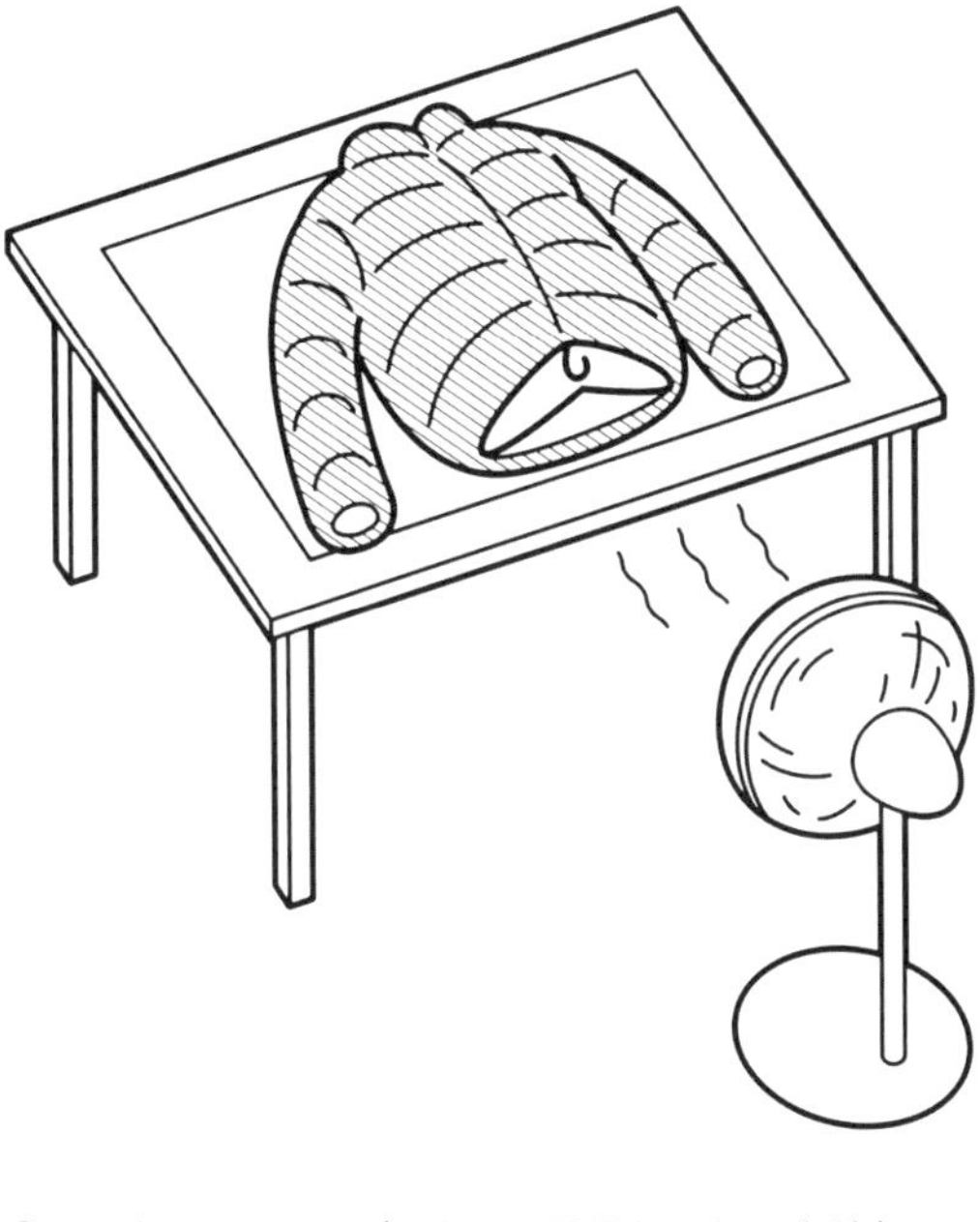

⑤干す際には、テーブルなどで平干しにしてください。そして、真ん中からＶ字に折り曲げた針金ハンガーを、お腹の辺りに間隔を開けて２本ほど入れ、風の通り道を作ってあげましょう。５時間以内に乾かしたいので、扇風機の使用がオススメです。
⑥完全に乾いたらドライヤーで温かい風を送る、もしくは乾燥機がある方は20分ほどかけてフカフカにしましょう。実は、コインランドリーのでっかい乾燥機だと、ダウンが思いっきりのびのび動けるため一番フカフカになるので、余裕があれば試してみてください。

ウール・カシミア・アンゴラの衣類の洗い方

繊細で縮みやすいので、洗濯表示をしっかり確認してから、もみ洗いしないよう優しく洗いましょう。人の髪の毛だと思って洗ってください。

①縮みやすいので、縦・横・袖の３カ所を事前に採寸しておく。
②袖や襟などの汚れが目立つところは洗顔用石鹸を使って、手で優しく叩き、撫でるように洗います。
③ 30 ～ 40℃のぬるま湯にデリケート衣類用洗剤（中性）を混ぜ、衣類を沈ませて優しく押し洗いします。
④柔軟剤を適量、もしくはヘアリンスを衣類１枚につき２プッシュほど入れて、優しくなじませます。
⑤次に、すすぎです。すすぐ際には、そのまますすがず、優しく絞るようにします。ひねったり丸めたりせずに、優しくたたむように。
⑥次に脱水をします。洗濯機に乱雑に入れるのではなく、少し回ることを計算してさっくりとたたんで入れます。脱水が始まって 30 秒～１分で OK です。
⑦タオルなどの上で平干しに。この段階で、事前に採寸したサイズに整えます。また、５時間以内に乾かしたいので扇風機の使用がおすすめです。
⑧完全に乾いたら、ドライヤー、乾燥機で 10 ～ 20 分ほど温風をあてます。
⑨裏側からスチームアイロンで蒸気をあてて毛並みを整えます。なければドライヤーと手で優しく撫でて整えましょう。

COLUMN

ハンディタイプのスチームアイロンで、もうシワに悩まない！

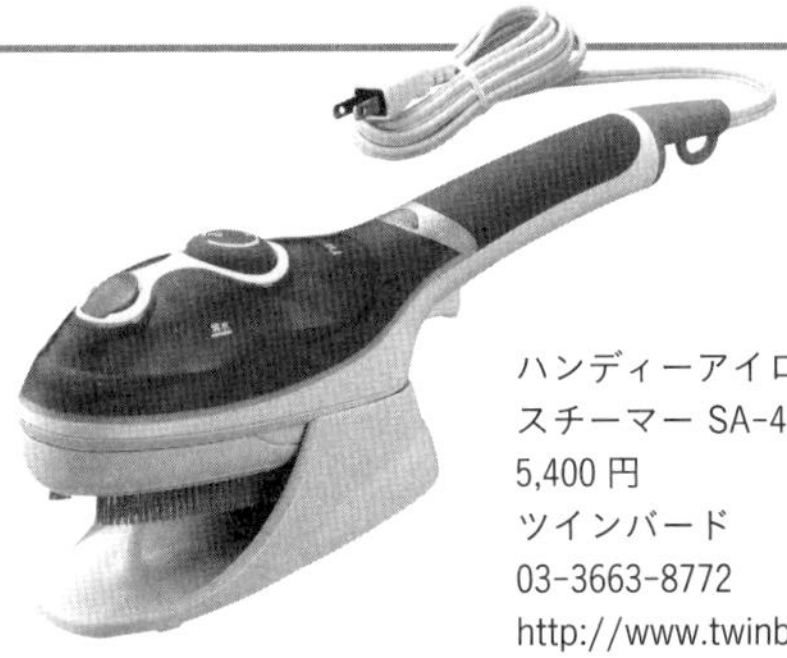

ハンディーアイロン＆
スチーマー SA-4084BL
5,400円
ツインバード
03-3663-8772
http://www.twinbird.jp

シワシワのシャツのアイロンがけ……めんどうですね！　シワが深いと水とスチームだけではなかなか伸びてくれなかったり、頑張ってかけて、やっとシワが取れたと思ったら、向こう側で深いアイロンじわが新たにできていたり。

ということで、僕はもうアイロンがけの概念を覆す新しい提案をしたいと思います。それは、「干した直後のスチームアイロン法」。シワって、乾くとしっかり定着してしまいますが、湿った状態ならば格段に対処しやすいのです。だから、干したらすぐにシワの気になるところだけにシュッとスチームを当てて、固めるようにシワをのばす。それでアイロンがけ完了。

ハンディタイプのスチームアイロンとはいえ、用途はもちろんそれ限定ではなく、ごくごく普通のアイロンのように、平らな場所においてアイロンがけだって可能。しかも、ちょうどそのヘッドのサイズが、シャツによってはボタンとボタンの間にぴったりだったりして、普段よりもスイスイかけられることがあるのです。

小回りが利くハンディアイロンには他にも便利なポイントがあります。例えば、取り込んだ洗濯物の洗濯バサミの跡も、サッとスチームアイロンをすると有効。また、着続けるうちに伸びたTシャツのエリやすそ、また長袖カットソーのソデにもシュシュッとやりながらアイロンすると効果的ですし（これは、普通のアイロンでも使えるアイディア！）、外出前に気になったスカートやジャケットなどのちょとしたシワにもシュッとやれば、すぐにキレイになる。次にアイロンを買い換えることがあれば、ぜひこちらを。いや、2台目として持っていただいてもいいほどのすごいアイテムですよ。皆さまも、これに頼ってアイロンのストレスから解放されませんか？

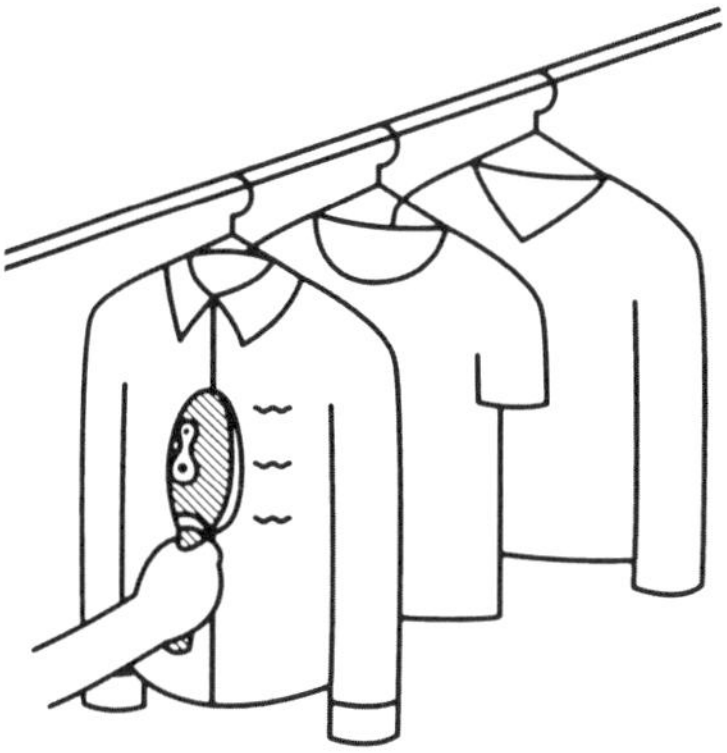

洗濯物を干したら、その場でスチームアイロンをかけます。乾くと定着してしまうシワも、湿った状態でかければ、簡単に伸ばすことができるのです。

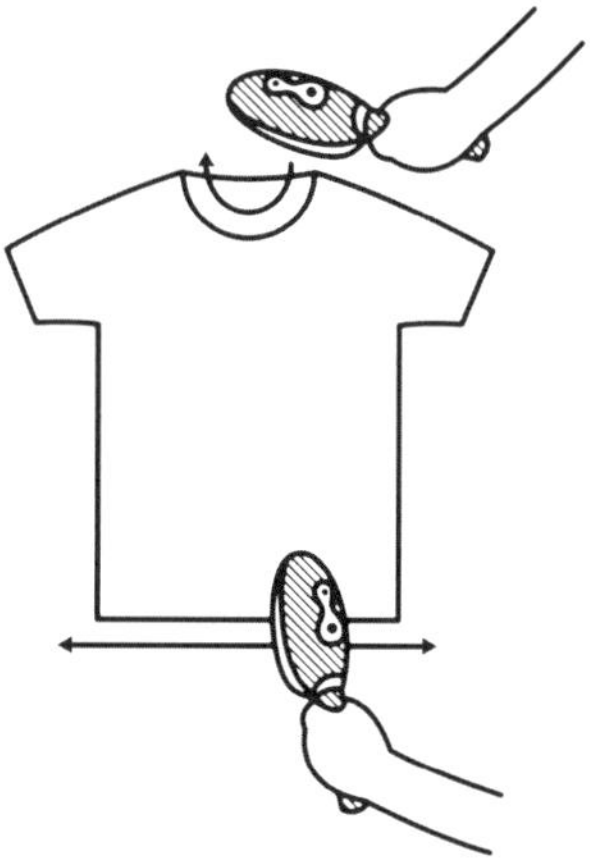

着続けるうちに伸びてしまったTシャツのエリやスソの部分、また長袖カットソーのソデにもスチームアイロンをかければ効果的です。

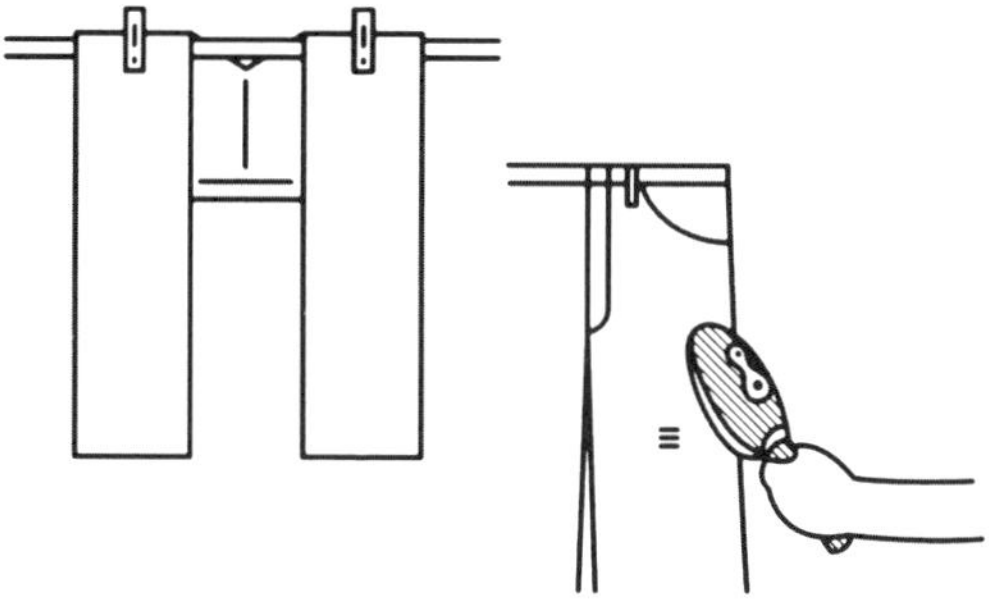

目立つ部分についてしまった洗濯バサミのあとにも、スチームアイロンが効果的です。さっとかけられるのが、ハンディタイプのいいところですね。

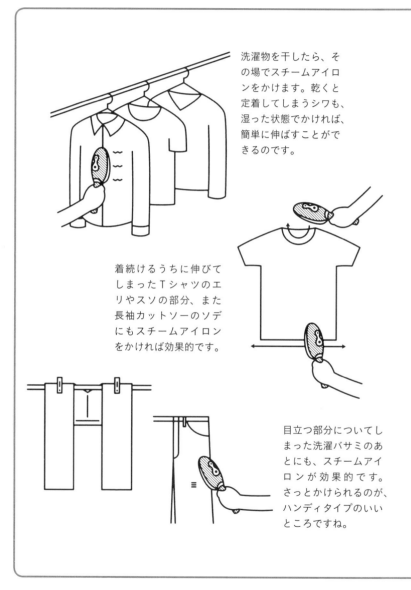

COLUMN

スターアイテムの宝庫！「東急ハンズ」の歩き方。

実は、今回ご紹介したスターアイテムのほとんどは「東急ハンズ」で出会ったモノです。僕が通う渋谷店はどのフロアも、各ジャンルの初心者から専門業者までをも受け止める、まさに人生の「物探しの時間」をグッと縮めるすごい店です。しかも、マニアックな商品までしっかり網羅して、もはや「図鑑」です。だからこそ、商品が多くて迷ってしまうという方のためにハンズ大好きな僕が「東急ハンズの歩き方」をご紹介します。

ハンズの歩き方① 「店員さんの個人的な知識に頼り切る」

ハンズの店員さんたちはプロです。様々なメーカーが行う商品講習を受けて商品知識も汚れの知識もすごいし、自らも家で試したり、日々の接客でユーザーさんの生の声を吸収しています。実は、オレンジX（24ページ）の「ゴキブリが寄り付かない効果」も、そんなユーザーさんの生レビューとして聞いたもの。やはり生のレビューが一番役に立つ。ビールもチョコも、芸能人も、レビューも、生の方がいいですよね。ぜひ話しかけてみてください。

ハンズの歩き方②「長年勝ち抜いてきたご長寿グッズを探す」

全フロア合わせて約15万点。掃除フロアだけでも相当数を揃えるハンズでは、入れ替えも激しく生存競争は熾烈、唯一無二でないと生き残れない。だからこそ、ずっと棚にあるロングラン商品は独自の存在感を確立した商品で、芸人で言えば関根勤さんのようなすごい存在。あれは数年前のある日、見たこともない「超電水クリーンシュ！シュ！」（20ページ）という洗剤が、なぜか掃除フロアの陳列台の花形である一番上に飾られていて不思議に思いました。店員さんに聞けばロングラン商品とのことで、とりあえず疑いながら使い始めると、花形の陳列場所を裏づけるかのような超高品質商品！　それから数年経っても「超電水」はあの頃のまま花形を飾り続けています。目立つ場所に並んだ商品はたとえ名前も知らない地味な商品でも、何かの理由があるのです。そこに注目なのです。

ハンズの歩き方③「フロアを見るな、ハンズを見ろ」

木を見るな、森を見ろ理論。いろんなフロアがあるハンズでは「実はそっちにもっと揃っていたのか」というケースが時々起こります。例えば、シールや接着剤剥がしは掃除フロアに2、3種類、かと思えばDIYフロアには10種類以上で、そっちの方が欲しいものに近かったり。また、模型のフロアには、モデルクリーニングブラシという静電気も除去する模型の細かいところを掃除してくれるグッズがあったり。こんな出会いがハンズの楽しさ。

ハンズの歩き方④「レジとトイレはこのフロアを狙え!」

ハンズはたいていどの店舗でもフロアをまたいでお会計ができるので、インテリアや時計、カバン、自転車などのフロアが空いていて狙い目です。逆に、キッチンや掃除、コスメ、文房具などは単価が安くて回転率が高いのでレジに行列ができがち。トイレも同様です！

ハンズの歩き方⑤「これ無料のクオリティじゃない！　HINT FILE」

ハンズではHINT FILEと呼ばれる生活を楽しむヒントが書かれた冊子を無料で配布しています。例えば「接着剤の選び方」「プレゼントリボンの結び方」に始まり「網戸の張り替え方」「燻製の作り方」、そして「オリジナル化粧水の作り方」、さらには「火の起こし方」まで。こんなクオリティの冊子が100種類もあるんです。気になりますよね。

僕はもっと頻繁に通えるようにとついに渋谷店から自転車で10分の場所に引っ越してしまいました。僕の家探し条件は、駅近よりハンズ近。そんなヘンタイにならなくてもいいので、とにかく魅力的なハンズ、最大限活用してくださいね！

第3章

まだ知らない
おいしいと出会う！
すごい料理術

僕は料理も大好きです。
ですが、これまた特別な技術もありませんし、
シェフの経験もありません。
Mr.Children のファンです。

これから紹介するレシピには、難しい工程は一切なし。
誰でもすぐにマネできます。
僕のおもてなしのモットーは
「“お金”かけずに“手間”かける」です。
今これを読んでいただいているのは、
食べる側の人ではなく、作る側の人ですよね。
その“おもてなす”側の人も含めて、僕はおもてなししたいのです。

このレシピで得をしてほしい。
なるべくお金がかからずに、それでいて豪華で美味しくて、
「こんな料理、初めて！」という
サプライズを提供できる料理を作ってほしい。

手間は時間をかけることとも違います。
その味を最大限引き出すちょっとしたコツなんです。

この料理術で、招いたお客さまもあなたの財布も
ほっこりしてほしいのです。

どんな料理もおもてなしになる〝さしすせそ〟

おもてなしとは、なにも大勢を呼んでのパーティーなどではありません。家族や、誰か一人に作る時も同じです。おもてなしの精神で作るだけで、料理そのものが美味しくなるのです。味つけと同じくらい、このおもてなし精神は大事な要素なのです。だから、この章でご紹介すること、これはもう新たな料理術なのです。僕が思う、これを実行すればその日の食卓がおもてなしになる、〝さしすせそ〟をお伝えします。

「さ」　サプライズが最高の隠し味

なにも、すごく驚かそう、というわけではなく、ちょっとした驚き、〝気づき〟、のことです。例えば「つけカルボナーラ」（184ページ）。普通のカルボナーラとほぼ同じ材料でつけ麺にしました。手間とかかったお金はほとんど同じですが、お客さまはつけ麺タイプのカルボナーラなんて人生で〝初めて〟、というちょっとしたサプライズを楽しんでいただける。ほんの少しの工夫で喜んでもらえるのです。それはなにもお客さまだけでなくご家族だって同じ。前日の余り物のカレーだったとしても、「ナン」（191ページ）を作って添えれば〝家で、ナンを⁉〟となる。ほんの少しの驚きで一気に特別感が出るのです。ちょっとだけいつもと変えて、サプライズを加えてあげてください。

「し」 出費とコツはおさえよう

前述の通り、僕はこの本を読む「あなた」もおもてなししたいのです。だから、おもてなし料理といっても、材料に高いお金を出させたくない。そんなの、もう作りたくなくなってしまいますよね。「松橋流おもてなしポテトサラダ」（186ページ）に代表されるように、同じ材料だけどちょっとしたコツをおさえることで美味しく作れる料理があるのです。余計なものを入れる必要もないので、出費もおさえられますよ。

「す」 すぐに作れる、マネできる

難しい手のこんだ料理を作らないと手を抜いたと思われる？　そんなことはないのです。例えば「赤いフレッシュトマトそうめん」（138ページ）は、口頭でレシピが言えちゃうくらい簡単、でも盛りつけの工夫でそうは見えない。この驚き自体が十分におもてなしですし、今後は「マネしてみよう」と友達や家族が誰かに作ってくれたりして、おもてなしの連鎖が起こったりする。すると、自分がその先の方までおもてなししたような、素敵な気分になれますよ。

「せ」 せっかくだからの特別感

僕が「噴火山おにぎりと鶏スープ」（196ページ）を作る時に絶対やるのが、鶏スープを水炊き屋さんみたいにおちょこのような器に注いで飲んでもらうこと。あの演出をせっかくだから味わってもらうのです。こういった演出や盛りつけの工夫を「せっかくだから」って目線でいろいろやると喜んでいただけるはずです。

「そ」そうなんだぁ、な耳寄り情報で会話を弾ませる

「そうめんクロワッサン」（142ページ）に代表されるように、〝そうめんでクロワッサンを作れるんだ〟とか、「完全再現?! 有名店のハンバーガー」（182ページ）で、〝え？どうやって再現したの？〟〝なんで作ろうって思ったの？〟とか、「きゅうりのイタリアンチャンプルー」（194ページ）で〝きゅうりって炒めても美味しいんだね〟とか。会話も一緒に楽しめば、より、おもてなしになりますよ。

このような〝さしすせそ〟の、どれか1つの要素が入っているだけで、料理がいつもよりおいしく作れると思います。それでは、どなたでもかんたんにマネできる「おもてなし」レシピ、ぜひ試してみてください。

コーヒフレッシュで
即おもてなし料理

赤いフレッシュトマトそうめん

コーヒーフレッシュで飾れば、即おもてなし料理に変身！
赤いソースは豆腐とも細麺のパスタとも相性抜群です

材料（2～3人前）
トマト缶　1缶
白だし　100ml
すりごま　大さじ2
エキストラバージンオリーブオイル　大さじ1
あらびきコショウ　少々
塩　少々
アボカド　お好みで
コーヒーフレッシュ　1個
そうめん　2～3束

作り方
1. トマト缶をミキサーにかける。
2. 1をボールに移し、白だし、すりごま、オリーブオイルを混ぜ、塩、あらびきコショウで味を調える。
3. ゆでたそうめんをお皿に盛りつけ、2をかける。
4. アボカドを飾りつけ、あらびきコショウをかける。
5. ソースの部分にコーヒーフレッシュをまわしかけて飾る。

チーズとろけるサクサクそうめんピザ

これ、そうめん!?　驚きのクリスピー食感！

材料　1枚分
そうめん　1束
アスパラ　2本
ベーコン　2枚
オリーブオイル　大さじ2
粉チーズ　大さじ2
ケチャップまたはピザソース　大さじ2
ピザ用などのとろけるチーズ　大さじ4

作り方
1. そうめんを半分に折ってゆでる。
2. ゆであがったそうめんを水で洗ってヌメリを取り、しっかりと水を切る。
3. アスパラとベーコンを薄切りし、オリーブオイル大さじ1で炒めて焼き色がついたら皿にうつしておく。
4. 先ほどのそうめんに粉チーズを加えて混ぜる。
5. クッキングシートを3cm幅に切り、円を作ってホッチキスでとめる。それをフライパンに乗せ、中弱火にかけ、円の中にオリーブオイル大さじ1を入れ、4を均等になるように広げる。

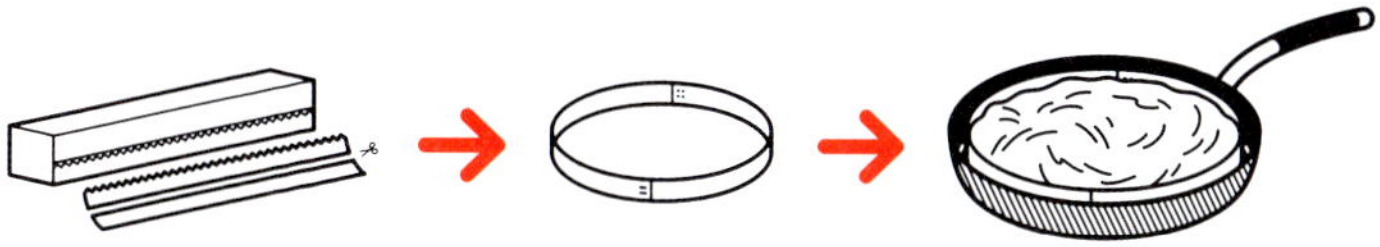

6. 片面を4分ほど中弱火で焼き、形がしっかりしてきつね色の焼き目がついたら枠を外してひっくり返す。裏面は3分ほど焼く。
7. ケチャップを塗り、アスパラ・ベーコン・チーズをのせる。
8. フタをして、チーズが溶けるまで1〜2分ほど焼いたら完成。

そうめん×バターで、
手作りクロワッサン

間違いなく史上初のそうめんDEクロワッサン！

材料（2〜3人前）
そうめん　100g
バター　大さじ1
砂糖　小さじ1
メープルシロップ　適量
バニラアイス　適量
溶かしバター　適量

作り方
1. そうめんをゆで、水洗いしてヌメリを落として水気を取っておく。
2. 1に溶かしバターと砂糖を加えて混ぜる。
3. 「松橋POINT!」を参考にクロワッサンの形を作る。
4. そうめんクロワッサンにハケ（「松橋POINT!」参照）でバターを塗って、200度のオーブンで10分程度、表面がカリッとするように焼く。（トースターでも可）
5. メープルシロップをかけ、アイスクリームを添えて完成。

大きさは4〜5cm程度のひと口サイズに仕上げましょう。

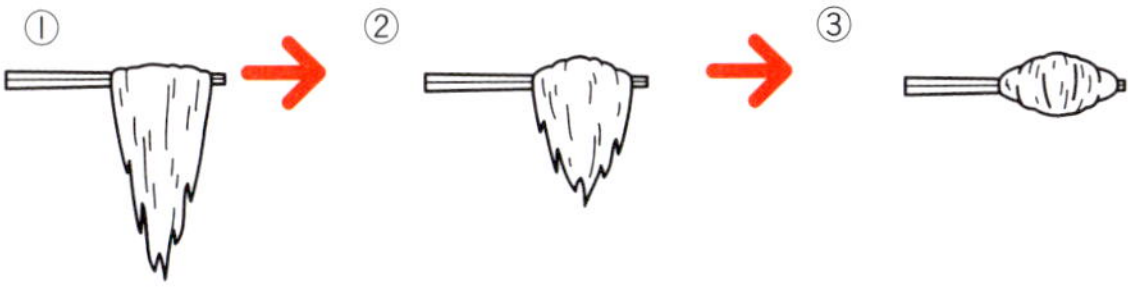

①割り箸の先にそうめんをかける。先がVの字になるように。
②割り箸に巻きつけていく。
③割り箸をゆっくり引き抜けば完成。

使う機会が少ないハケはクッキングシートで作っちゃいましょう。

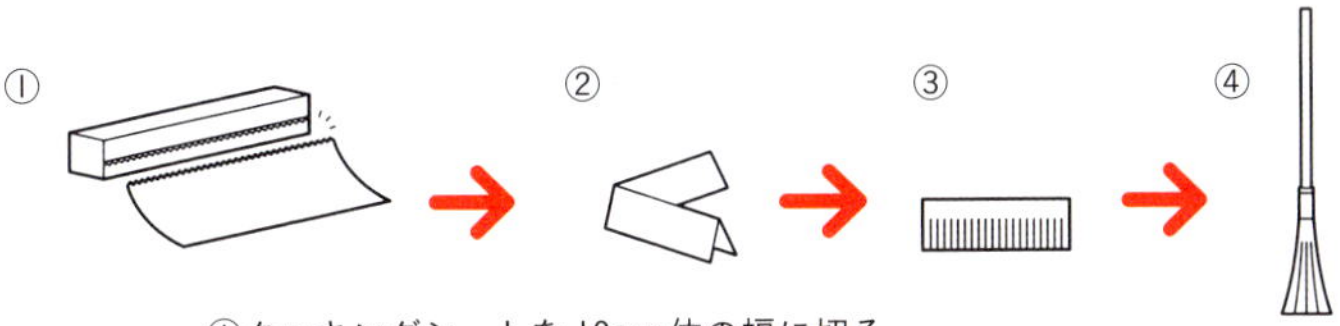

①クッキングシートを10cm位の幅に切る。
②十字に折る。
③はさみで縦に切っていく。
④割り箸にくるっと巻き、テープで止める。

タコライス風チャーハン

“パラしっとり” チャーハンの作り方を伝授！
さらにカフェごはん風アレンジも。

材料（2人前）
松橋流チャーハン　300g
豚ひき肉　200g
トマト　半個
レタス　1/6（100gほど）個
パプリカ　1/4個
チーズ　30g
オリーブオイル　大さじ2
ケチャップ　大さじ5
ウスターソース　大さじ1/2
塩　少々
白コショウ（いわゆるテーブルコショウ！）　少々
ニンニク　少々（チューブでも可）
一味唐辛子　少々（お好みで。なくても可）
温泉卵　1個

作り方
1. 小さめの鍋にオリーブオイルを入れ、みじん切りしたニンニクを加えて香りが出るまで弱火にかける。
2. 豚ひき肉を加えて泡立て器で細かく炒め、一味唐辛子を振る。
3. 塩コショウで軽く下味をつけ、ケチャップとウスターソースを入れてサッと煮ればタコミートのできあがり。
4. 松橋流チャーハンをお皿によそい、その上にざく切りしたレタス、タコミート、チーズ、サイコロ状に切ったトマトとパプリカ、温泉卵をのせて完成。

パラパラかつしっとりな
松橋流チャーハンの作り方

材料（2人前）
ご飯 300g　卵 2個　ラード　大さじ2　酒 大さじ2　塩、白コショウ少々　中華だし 小さじ1/2

作り方
1. ボウルへ、あら熱をとったご飯に溶かしたラードと酒を入れ、よくなじませる。
2. ご飯にラードをなじませているため、油をひかずにフライパンへ。
3. ご飯を炒め、塩、コショウと中華だしを加えて火が通ったら皿にうつす。卵に火を入れながら味をつけると、どんどんパサパサになるので、ここで先にご飯の味を決めておくのがポイント！
4. 卵に塩コショウで下味をつけておき、卵を入れてからお皿までは約40秒で終わらせるくらいのイメージ！　フライパンに溶き卵を入れて菜箸で素早くかき混ぜる（20秒）。半熟になったらシリコンスパチュラに持ちかえてご飯を戻し、軽く炒め合わせる（20秒）。盛りつけて完成。

ミートソースと牛乳で冷やし担々風うどん

余ったミートソースがピリ辛コクうま、中華な新展開！

材料（1人前）
冷凍うどん　1玉
ミートソース　大さじ3
ピーナッツクリーム　小さじ2
豆板醤　小さじ1
牛乳　200ml
塩　少々
万能ネギ　適量
すりごま　適量
ごま油　適量

作り方
1. 冷凍うどんを600Wのレンジで3分ほどあたためて解凍し、冷水でヌメリを取る。
2. ミートソースにピーナッツクリームと豆板醤を加える。
3. 牛乳に塩を少々入れる。
4. 丼にうどんと3を入れ、2をのせてネギ、すりごま、ごま油をかけて完成。

余ったカレーが
ごちそうに！

ドライカレー チーズソースのせ

普通のカレーがインパクト大のおもてなしカレーに大変身！

材料（1人前）
余り物のカレー　150g
ご飯　250g
とろけるスライスチーズ　3枚
アーモンドミルク（牛乳、豆乳でもOK！）　大さじ1〜2
卵黄　1個

作り方
1. 余り物のカレーの具をポテトマッシャーなどで軽くつぶす。
2. フライパンでご飯と1を混ぜて炒め、味を見ながらしっかり焼き目をつけてドライカレーを作る。チーズをかけるので濃いめの味つけの方が美味しいです！
3. お碗に2を入れ、お皿に返して盛りつけ、真ん中に卵を安定させるための小さなくぼみを作る。
4. 小さめの鍋に、とろけるスライスチーズを入れ弱火にかけ、あたためながら数回に分けて少しずつアーモンドミルクを加えチーズと溶かし合わせてチーズソースを作る。
5. 3にチーズソースをかける。
6. 上に卵黄をのせて完成。

ピーナッツクリームで
冷や汁を！

ピーナッツ冷や汁

ピーナッツのコクがやみつき。さあ初めての冷や汁を！

材料（約3人前）
冷やご飯　適量
白だし　150ml
水　300ml
きゅうり　1本
なす　1本
トマト　1個
ピーナッツクリーム　大さじ4
ツナ　1/2缶
ごま油　大さじ1

作り方

1. なすの皮をピーラーでむいてみじん切りにし、多めの水にさらしておく。なすの皮をむくと生でもえぐみが少なく爽やかに食べられます。
2. きゅうりはみじん切り、トマトは1cm角に切って、なすとともにボウルに入れる。
3. ボウルに白だし、水、ツナを加え、ピーナッツクリームを溶かし入れる。
4. ごま油を加えて軽く混ぜ、冷やご飯にかければ完成。

ナス×レンコンのジューシー野菜バーガー

野菜がキライなお子さんも気づかず食べちゃう！

材料（2人前）
［バンズ］
レンコン　200g
卵　1個
片栗粉　大さじ4
塩　少々
白コショウ　少々

［パティ］
豚ローススライス　4枚
ナス　1/3本
ナツメグ　少々
とろけるスライスチーズ　1枚
オリーブオイル　適量
［ソース］
ケチャップと中濃ソースを3対1で混ぜる。

作り方
1. レンコンの皮をむき、すりおろす。
2. おろしたレンコンに片栗粉を加え、さらに卵を割り入れる。
3. 塩とコショウ少々を加え、よく混ぜる。
4. 3を4等分にして、熱したフライパンに丸く形どりのせて、両面を3～4分ずつ焼けばバンズの完成。
5. ナスは、皮にえぐみがあるので皮をむき縦半分に切り、半月切りにする。
6. ナスを15分ほど水につけてアク抜きし、オリーブオイルで炒めて軽く塩を振る。
7. 豚ロース肉2枚を軽く手で押し伸ばし、塩とナツメグを振りかけて下味をつけ、1/4にちぎったチーズ、炒めたナス3枚ほど、チーズの順にはさんで肉で巻く。もう1枚の肉で、巻いた肉の端を覆うように包む。

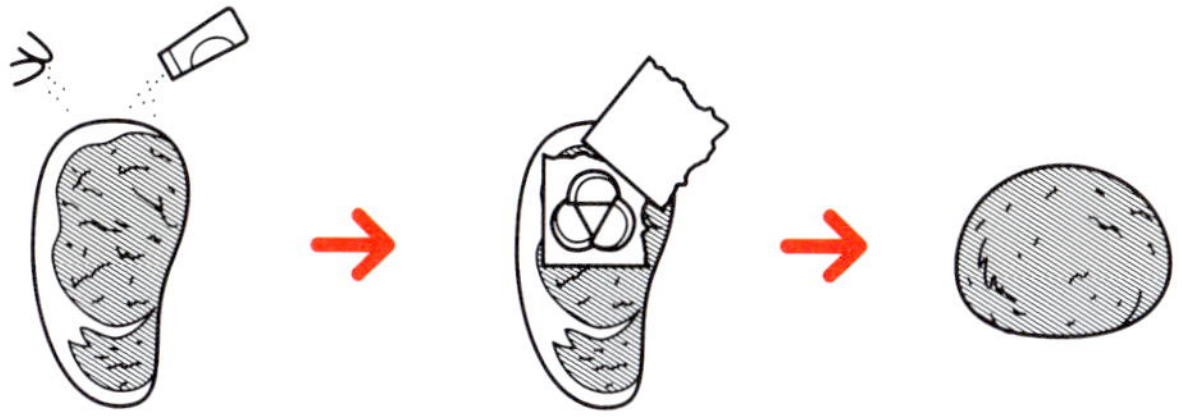

8. 包んだ肉の端を下にして中弱火で焼き始める。片面約3分ずつ、焼き色がつくまでしっかり焼いたら、あらかじめ作っておいたソースを塗ってバンズではさむ。

ひじき煮でヘルシーコロコロちらし寿司

サイコロ状の具で、見た目も味もアップ。

材料（2人前）
ひじき煮　100g
ご飯　1合
紅しょうが（みじん切り）　40g
白ごま　少々
卵　3個
アボカド　1個
レモン汁　大さじ1/2
プチトマト　数個
刻みのり　少々
[簡単すし酢]
酢　大さじ1/2
ハチミツ　大さじ1
[卵焼き]
卵　3個
塩　少々
砂糖　小さじ1
和風だしの素　小さじ1/2

作り方

1. ハチミツとお酢を混ぜてお子さま味の簡単すし酢を作る（ハチミツの割合を増やせばよりマイルドに！）。これをご飯に合わせ、酢飯を作る。
2. そこへ、ひじき煮、紅しょうが、白ごまを和えたらご飯の完成。
3. 卵と調味料をよく混ぜ合わせる。
4. しっかりと熱したフライパンに油をひき、3を入れ、手早くまぜてオムレツ形に成形。この時シリコンスパチュラなどアイテムに頼ってOK！　サイコロ状に切るので多少オムレツ作りに失敗してもキレイに仕上がります！
5. 中まで火が通ったら、あら熱を取りサイコロ状にカットする。
6. 皮をむいて種を取ったアボカドは1cm角に切りレモン汁で和えて色止めしておく。プチトマトは四等分ほどに切る。
7. 3種類の具材をトッピングして、最後に刻みのりをのせれば完成。

余ったポテトサラダで簡単！
和風クリームパスタ

新しくて懐かしい味！
ポテサラでパスタ４種類もアレンジできちゃう。

材料（1人前）
ポテトサラダ　50〜60g
パスタ　100g（太めがオススメ）
ベーコン　30g
和風だし（粉末）　小さじ1
めんつゆ　少量
オリーブオイル　大さじ1

作り方
1. 鍋に水をはって塩（ともに分量外）を入れ、沸騰したらパスタを規定の時間より1分短くゆでる。
2. 厚めに切ったベーコンをフライパンで炒め、ゆで上がったパスタとゆで汁を入れて、軽く炒める。
3. 和風だしで味つけし、パスタをフライパンの一方に寄せてスペースを作る。
4. 空いたスペースでポテトサラダを軽く炒める。
5. ポテトサラダがトロトロになってきたらパスタとよく和える。
6. 最後に、めんつゆを加えて完成。

＊作り方は一緒で、こんなバリエーション違いも！

ポテトナポリタン→1、2の工程は同じ。3の工程の材料をコンソメ小さじ1/2とケチャップ大さじ1にして炒め合わせる。その後の工程は同じです。

ポテトペペロンチーノ→　最初にニンニク2片をみじん切りにしてオリーブオイルで香りを出して炒め合わせる。和風だしは省いて、その後の工程は同じです。

ポテトカルボナーラ→ベーコンを炒めて牛乳70ml、コンソメ小さじ1/2とポテトサラダを加えて少し煮て、パスタを加えて最後に粉チーズ小さじ1/2を加える。

余ったポテサラを
餃子に！

ポテトサラダ×餃子の皮で、
トロッととろける簡単ポテ餃子

餃子も包み方１つでおしゃれな小籠包風に！

材料（2人前）
ポテトサラダ　100g
餃子の皮（大判のものが好ましい）
適量
小麦粉　小さじ1/2（餃子を包む時の糊）
水　小さじ1（餃子を包む時の糊）
お湯　50cc（餃子を焼く時用）
卵豆腐　40g
鶏がらスープの素　適量
サラダ油　適量
ごま油　適量

作り方

1. 餃子の皮の上にポテトサラダ大さじ1/2をのせ、真ん中をへこませる。
2. くぼみに玉子豆腐をのせ、鶏がらスープの素を1つまみ、さらにその上から玉子豆腐をのせてスープを閉じ込める。

3. 小麦粉と水で糊を作り、「松橋POINT!」を参考に餃子の皮を包む。
4. 火をつける前にサラダ油を入れ餃子を並べる。この時、餃子同士を離して並べるように気をつけましょう。そして中火にかけてフライパンが温まったらお湯を加えて2分半ほど蒸し焼きにして、最後にごま油をまわしかけてきつね色の焼き目をつけたら完成！

\POINT!/
この包み方はヒダヒダを作る時のような難しい技術が要りません！お子さまとご一緒にできちゃいます。

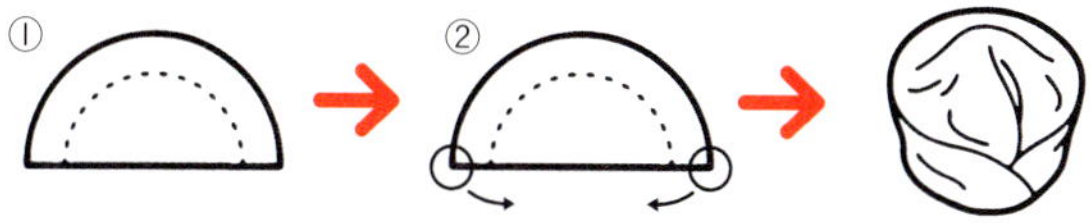

①皮の縁半分に糊を塗り、半分に折って閉じ、空気を抜くようにぴったりつける。
②端と端を前で抱き合わせる、抱き合った部分にも糊を塗る。

高野豆腐が
ホテルの朝食に！

高野豆腐×牛乳で、エッグベネディクト

高野豆腐でジューシーに！
面倒なポーチドエッグも松橋流で簡単。

材料（1人前）
高野豆腐　1個
牛乳　200ml
コンソメ（粉末）　適量
ハム　1枚
とろけるチーズ　1枚
卵　1個
[簡単オランダーズ風ソース]
マヨネーズ　大さじ2
溶かしバター　大さじ1
レモン汁　小さじ1
あらびきコショウ　少々
塩　少々
パセリ　少々

作り方
1. 牛乳にコンソメを加え、600Wの電子レンジで1分温める。
2. 1に高野豆腐を10分から15分程浸して、軽くギュッと絞っても、牛乳が出ない程度まで絞る。
3. 高野豆腐を上下半分に切って2枚にして中央にチーズを挟み込み、40秒程レンジで温める。
4. マヨネーズに溶かしバター、レモン汁、あらびきコショウを加え、よく混ぜて簡単オランデーズ風ソースを作る。
5. 3で温めた高野豆腐にハムをのせ、その上に「松橋POINT！」で作ったポーチドエッグをのせる。
6. 簡単オランデーズ風ソースをかけ、仕上げにパセリとあらびきコショウを少々振って完成。

火加減が難しくて失敗の多いポーチドエッグも、この方法を使えば簡単に！

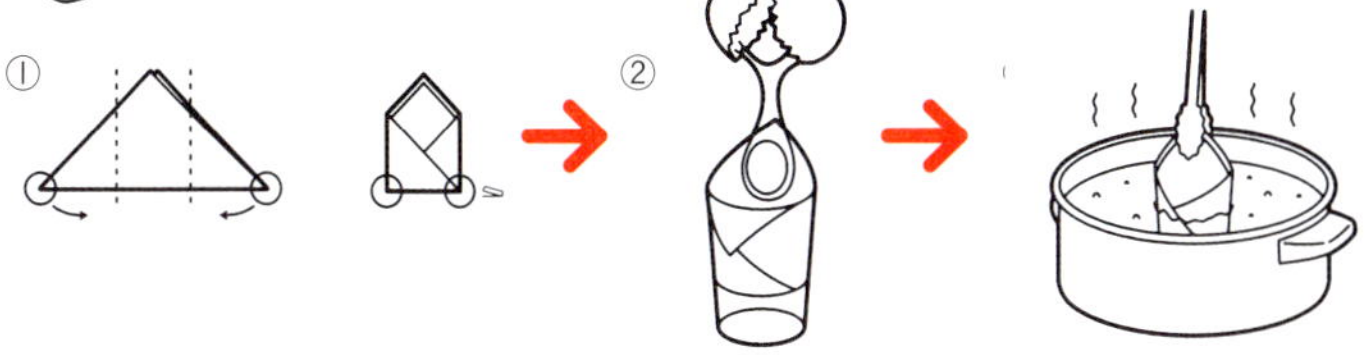

①キッチンペーパーを折ってホッチキスでとめて固定する。
②コップの中にキッチンペーパーを入れて固定し、その中に生卵を割り入れる。
③沸騰したお湯に入れて4分程温めて、湯から上げたらすぐに冷水にとって火が入るのをストップして完成。

余った餃子のあん × 豆腐でヘルシーグラタン

実は、餃子のあんって
味つけ済みの万能な具材なんです！

材料（2～3人前）
餃子のあん　100g～（残ってる量でOK！多くても美味しいです）
豆腐（木綿がおすすめ）　1丁（400gほど）
牛乳　大さじ3
鶏がらスープの素　小さじ1
とろけるチーズ　適量
塩　少々
コショウ　少々
パセリ　少々
ごま油　適量

作り方

1. 「松橋POINT!」を参考にして豆腐を水抜き。豆腐は半分に切って一方を1cm幅にカットして、さらに半分にカットする。
2. 切った豆腐をごま油で炒め、塩、コショウで下味をつけて、焼き目をつけて取り出しておく。
3. 残しておいたもう一方の豆腐半丁と牛乳、鶏がらスープの素を加えてフードプロセッサーなどで混ぜ、豆腐ホワイトソースを作る。フードプロセッサーの方がクリーミーに仕上がりますが、ご家庭になければ泡立て器でも可！
4. 餃子のあんを炒める。
5. グラタン用の耐熱皿に、焼き目のついた豆腐、チーズ、炒めた餃子のあん、**3**、仕上げのチーズの順で盛り、200℃のオーブンで5分程焼き目がつくまで焼く。トースターでも可。

通常30分くらいかかる面倒な豆腐の水抜きも
電子レンジを使用すればたった3分で完了！

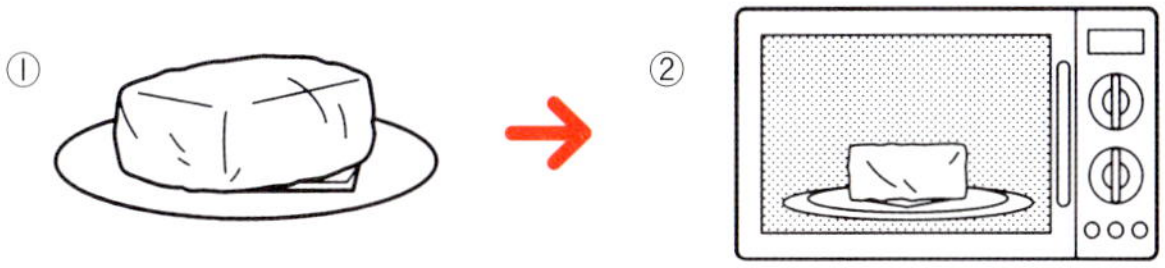

①2枚重ねにしたキッチンペーパーでくるむ。
※キッチンペーパーは、電子レンジ使用可のモノをお使いください。
②電子レンジ500Wで2～3分加熱すれば完了。

ピンクのタルタルチキン南蛮

裏技で鶏胸肉もやわらか！
柴漬けで作る和風タルタルが爽やか！

材料（約3人前）
鶏胸肉　1枚
水　大さじ1
砂糖　ひとつまみ
塩　少々
コショウ　少々
天ぷら粉　50g（なければ小麦粉でも可）
[タルタルソース]
柴漬け　30g
ゆで卵　1個
マヨネーズ　大さじ3
塩　少々
あらびきコショウ　少々
[簡単甘酢あん]
すし酢　大さじ2
ハチミツ　大さじ2

作り方

1. 包丁で鶏肉を開いて大きな1枚のお肉にし、「松橋 POINT!」を参考にやわらかく処理する。
2. 1の水気を拭き取り、天ぷら粉を両面につけてフライパンで焼く。天ぷら粉には卵やベーキングパウダーなどが入っていて衣をふわふわサクサクにしてくれる。
3. 簡単甘酢あんを鶏肉にかけ、タルタルソースをのせて完成！

[タルタルソースの作り方]
柴漬けとゆで卵を粗みじんにして、マヨネーズ、塩、あらびきコショウと和える。

[簡単甘酢あんの作り方]
すし酢大さじ2、ハチミツ大さじ2を合わせてレンジで40秒ほど温めれば簡単に甘酢が完成。

鶏肉をやわらかくするカンタンな方法。
このひと工程で出来上がりの味に差が！

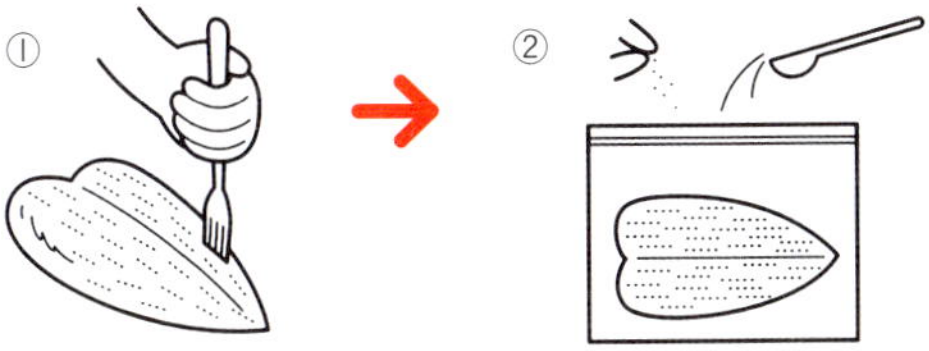

①鶏肉の表面をフォークで刺して穴を開ける。
②ビニール袋などに①と、お肉の量の1/10くらいの水、砂糖ひとつまみを加えてもみ、しばらく置く。

焼きシーザーサラダ

熱々チーズに冷たいドレッシングが絶品なメイン級サラダ！

材料（2〜3人前）
ブロッコリー　1/3株
シイタケ　4〜5個
ブロックベーコン　120g
プチトマト　4〜5個
ロールパン　2個
シュレッドチーズ　100g
卵　1個
レタス　1/6個
粉チーズ　適量
[シーザードレッシング]
ヨーグルト　大さじ2
マヨネーズ　大さじ6
オリーブオイル　大さじ2
粉チーズ　大さじ3
塩、あらびき黒コショウ　適量

作り方
1. シーザードレッシングの材料を全て混ぜ合わせる。
2. ロールパンを一口サイズにカットして予熱した200℃のオーブン（トースターで可）で3〜4分、軽くこんがりと焼く。
3. ベーコンをゴロッと大きめに切って炒める。
4. シイタケは、石づき（軸）を残して4等分に切り、ベーコンの脂が残ったフライパンで炒める（シイタケは生で買ってきたら一度冷凍してから解凍すると細胞壁が壊れ旨味がどんどん出てきます）。
5. ブロッコリーを小房に分け、ラップをして600Wの電子レンジで約4分加熱。
6. 耐熱皿の上にシイタケ、ベーコン、ゆでたブロッコリー、ロールパンを彩りよく並べ、シュレッドチーズ、粉チーズを散らす。
7. パンを焼いた後の予熱のきいたオーブンに入れて、200℃で5〜6分、表面がこんがりするまで焼く。トースターでも可。
8. 焼いている間に159ページを参考に簡単ポーチドエッグを作る。
9. 焼きあがったら、その上にレタスを1cm角程度に切ったものを乗せ、半分に切ったプチトマトを彩りよく散らし、ポーチドエッグをのせドレッシングをかける。

油で揚げずに簡単！ 塩サケ×油揚げで本格フライ

とろ〜りサーモンクリームフライ風。お弁当にもぴったり！

材料（2 〜 3 人前）

塩サケ　1 切れ
じゃがいも　200g
豆乳 (牛乳でも可)　100ml
ザーサイ　30g
鶏がらスープの素　小さじ 1
油揚げ　3 枚
(安価なフカフカなものが
詰めやすくてオススメ)
オリーブオイル　少々
パルメザンチーズ　少々
つまようじ

作り方

1. 塩サケの切り身を焼く。
2. じゃがいもの皮をむき､レンジで 8 分ほど加熱し､175ページを参考につぶす。
3. 豆乳に鶏がらスープの素を加えてレンジで 1 分温め、2 と混ぜる。
4. ザーサイを 5mm 角ほどに刻み、3 と和える。
5. 1 を大きめにほぐして加える。
6. 油揚げの中に 5 をたっぷり詰め込み、切り口をつまようじでとめる。
7. 表面にオリーブオイルを塗ってパルメザンチーズをまぶし、オーブンで 5 分焼き色がつくまで焼けば完成。

とろ〜り卵とじの麻婆ソースがけ

卵とじはシリコンスパチュラを使うと簡単キレイに。

材料（2人前）
鶏ひき肉（豚、牛でも可）　50g
ピーマン（細切り）　2個
卵　3個
麻婆豆腐の素　1パック
水　大さじ2
ごま油　大さじ2
塩　少々
コショウ　少々
とろけるチーズ　40g

POINT!

ひき肉を炒める際には、ぜひ泡立て器を使って！きれいに細かくほぐれます。

作り方
1. 鍋にごま油大さじ1を熱し、泡立て器を使って鶏ひき肉を炒める。
2. 1 に麻婆豆腐の素と水を入れ、ひと煮立ちさせて麻婆ソースを作る（商品によって異なります。記載の作り方にある水の分量より大さじ2〜4ほど多めに加えてほどよい濃さの麻婆ソースを作りましょう）。
3. フライパンにごま油大さじ1を熱してピーマンを炒め、皿に移す。
4. 塩コショウ少々で味つけした卵を半熟に炒め、3 のピーマン、とろけるチーズを入れて卵ではさみこむようにする。
5. 皿に 4 を盛り、2 をかければ完成。

きゅうりで
万能調味料！

超簡単きゅうりソース

そのままでご飯や冷奴、そうめんつゆに！
ちょっとのアレンジで様々なソースに！

材料

きゅうり　2本
塩昆布　15g
大葉　4枚
チューブ入りしょうが　5g
白だし　50ml
水　100ml

作り方

1. きゅうり、塩昆布、大葉をみじん切りにして器に入れ、チューブ入りしょうがを混ぜる。
2. 1と白だし、水を合わせて完成。

中華ソース

つゆを含めたきゅうりソース200gとごま油小さじ1、粗みじん切りにしたザーサイ30gを合わせて完成。冷奴や冷やし中華のタレに。

ゴマだれ風ソース

つゆを含めたきゅうりソース200gにピーナッツクリーム大さじ1を合わせるだけで完成。冷奴やそうめん、バンバンジーや豚しゃぶのタレにぴったり。

和風タルタルソース

汁を含まないきゅうりソースの具だけを100gと粗みじん切りのゆで卵1個分、マヨネーズ大さじ2を和えてあらびきコショウをふれば完成。フライ全般や生春巻きにも意外と相性ぴったりです。

イタリアンソース

つゆを含めたきゅうりソース200gに1cm角に切ったトマト1個分、エキストラバージンオリーブオイル大さじ2を加えて完成。冷奴や、1cm角に切ったモッツァレラチーズと和えるとコロコロと可愛らしいカプレーゼに！

油揚げとプリンで作る
ひと口サイズのミルフィーユ

まさかの油揚げで一口サイズのさくさくミルフィーユ！

材料（3個分）
油揚げ　1枚
プリン　1個
イチゴジャム　小さじ2
バター　適量
砂糖　適量
ハチミツ　適量
粉糖　適量

作り方
1. 油揚げをキッチンペーパーで包み、レンジで20秒加熱し、油抜きをする。しっかりと油のにおいを取る。この工程が大事です！　また、レンジにかけすぎると干からびてしまうので注意！　キッチンペーパーは電子レンジ使用可のものを。
2. 油揚げを6等分にして、横から開きにするように包丁を入れる。

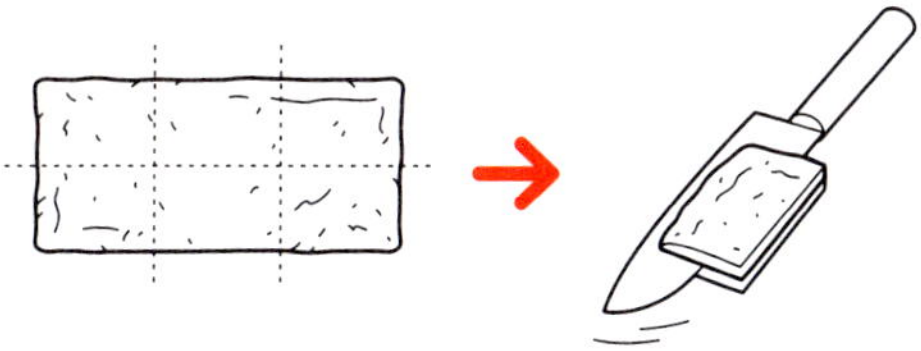

3. バターと砂糖を混ぜ、油揚げの内側に塗る。
4. 180℃のオーブンで約7〜8分焼く。トースターでも可。
5. プリンを崩してクリーム状にする。
6. 皿にハチミツを塗って、焼きあがった油揚げ、プリン、イチゴジャムを順に重ねてミルフィーユ状にする。
7. 最後に粉糖を振りかけて完成。できたてをどうぞ！

油で揚げない！簡単 揚げまんじゅう

サクサクのクッキーがつなぎ＆衣代わりで大活躍。
中身は無限にアレンジOK ！

材料（6個分）
里芋　170g（皮付き）
ハチミツ　大さじ1
クッキー　11枚（110g）
板チョコ　40g

作り方

1. 「松橋POINT!」を参考に里芋の皮をむき、175ページを参考に600Wの電子レンジで4分加熱して固まりがなくなるくらいまでつぶす。
2. 食品保存袋にクッキーを6枚入れて上から瓶などで軽くたたいて細かく砕き、左右どちらかに寄せてつぶした里芋とハチミツを入れて混ぜる。この時も左右どちらかに寄せ、片方はキレイなままで残しておく。
3. 袋の上から指で6等分し、キレイに残しておいた側の袋の1辺を切る。
4. 別の食品保存袋にクッキー3枚をこなごなに砕き、その後残りの2枚を加えて粗めに砕く。こうすることで、こなごなとザクザクの2種類の衣ができます。
5. ラップを二重に広げておき、そこに2の生地を3の切れ目から1個分ずつしぼり出して生地の真ん中に小さく砕いたチョコを置き、包むように丸めて4の袋に入れ、揺すりながら衣をつける。最後に、袋の外側からギュッと握るようにすると衣がキレイにつきます。
6. 衣が付いたら、クッキングシートを敷いたオーブンの天板にのせる。この作業を6回繰り返せば、1つのラップで6個作れるので、ラップを無駄遣いせずに済みます！
7. 200℃のオーブンで5分程度こんがりと焼く。トースターでも可。

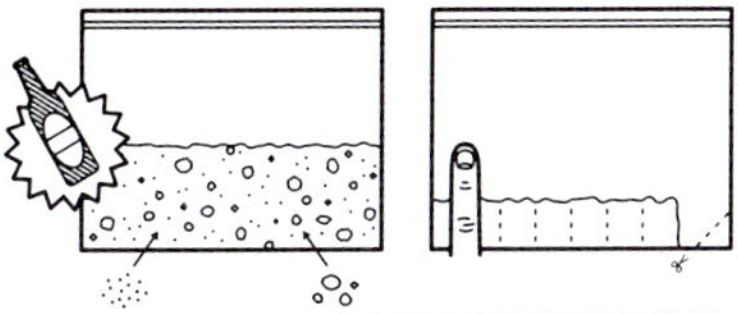

むきにくい里芋やじゃがいももこれで簡単に！

①アルミホイルを適当な長さに切り、蛇腹折りのようにして縦横にギザギザを作る。
②そのアルミホイルで力を入れずに優しく撫で、タワシのように皮をむき、サッと水洗いする。デコボコや芽の部分は、アルミホイルを固めてとがらせて削る。

じゃがいもモンブラン

じゃがいもでモンブランに挑戦を。
裏ごし不要の技はぜひ覚えてください！

材料（4人前）
じゃがいも　2個
マシュマロ　15個
牛乳　100ml
チョコアイス　400ｇ

作り方

1. 「松橋POINT!」を参考にじゃがいもをつぶす。
2. マシュマロに牛乳を加えて、500Wの電子レンジで1分加熱し、混ぜてマシュマロを溶かす。
3. 1と2を合わせ、よくかき混ぜる。
4. 冷やしておいた皿にチョコアイスを盛り、その上に3をモンブラン風に絞れば完成。お好みでシナモンを振ったり、マロンを飾っても。

面倒で、洗い物も増えるじゃがいもの裏ごしは、この技で簡単に！

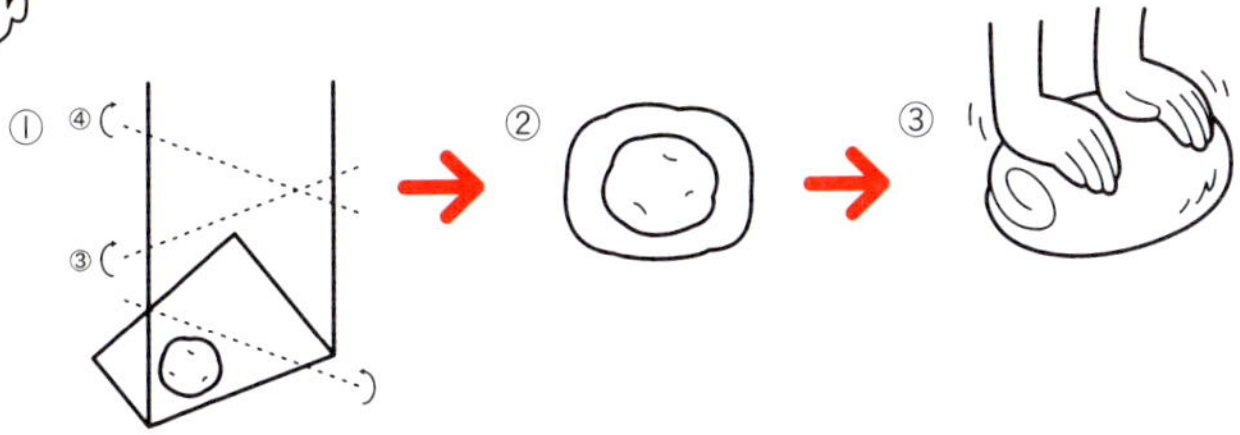

①ピーラーで皮をむいたじゃがいもをラップで矢印の方向に3重ほど巻く。この時、ゆるめに包むのがPOINT!　ラップに余裕がないとつぶした時に破裂してしまいます。
②500Wの電子レンジで3分加熱する。
③タオルで上からしっかり揉んで滑らかにつぶせば完了（100円均一などの熱で縮んでしまうラップの場合は少しやりづらいです）。

2種のキラキラゼリー

フォークでキラキラに！　特別感のあるゼリー。

材料（各2〜3人前）
[紅茶のゼリー]
紅茶　500ml
粉ゼラチン　5g
コーヒーフレッシュ　適量
[大人のコーヒーゼリー]
無糖コーヒー　500ml
牛乳　500ml
ゼラチン　10g（5gずつ）
※お好みでシロップなど入れる

\POINT!/

固めたゼリーをフォークで縦横に引っかくとキラキラのゼリーに。

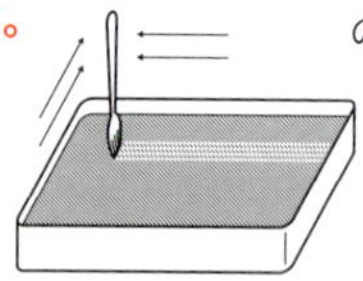

作り方

1. ゼリーを作る液を耐熱容器に入れて500Wの電子レンジで約6分温める。
※フタをしたままレンジにかけると危険です
2. 1に粉末ゼラチンを入れて溶かす。お好みでシロップ等で甘みを足してもOK。
3. あら熱を取り、冷蔵庫で2時間ほど冷やし固めれば完成。
4. 「松橋POINT!」を参考にキラキラゼリーを盛りつける。紅茶ゼリーはコーヒーフレッシュを加え、大人のコーヒーゼリーは2種のゼリーをバランスよく盛る。

トロピカルパンナコッタ

30秒のひと手間でデザートがランクアップ！

材料（3～4人前）
牛乳　300ml
生クリーム　200g
クリームチーズ　80～90g
粉ゼラチン　5g
砂糖　大さじ3
マンゴーの缶詰　1缶

\POINT!/
上から垂らしたマンゴーソースに竹串をさし、ハートの模様を描いてワンランク上のスイーツに！

作り方
1. 鍋に牛乳、生クリーム、クリームチーズ、粉ゼラチン、砂糖を入れて沸騰しないように温める。
2. クリームチーズが溶けきったらボウルに移し、氷水であら熱を取る。ここでしっかり冷やすととろみが出てマンゴーソースと混ぜた時にキレイな層ができます！
3. マンゴーをミキサーにかけてソースを作る。
4. 3をグラスの3分の1程度まで流し、その上にあら熱をとった2を入れる。
5. 「松橋POINT!」を参考に飾り、冷蔵庫で1～2時間冷やし固める。

ふわふわミルクかき氷

あの真っ白な台湾スイーツが簡単におうちで！

材料（約１人前）
牛乳　150ml
水　50ml
砂糖　大さじ２
マンゴーの缶詰　１缶
餃子の皮　数枚
バター　少々

作り方

1. 牛乳、砂糖、水をしっかりと混ぜ容器に入れて凍らせる。
2. マンゴーをミキサーにかける。缶詰のシロップは全量〜2/3まで好みに合わせて調整を。ミキサーがない場合は、フォークやポテトマッシャーでつぶす。
3. 餃子の皮にバターやマーガリンを塗ってトースターでカリッとこんがりキツネ色に焼き、お好みで砂糖を振る。
4. かき氷器で１を削って２をかけ、餃子の皮を飾れば完成。

ゼリー×食パンで新食感の冷製スイーツ

ただのゼリーが初めての新食感スイーツに！

材料（1人前）
ゼリー　1個
［チョコ菓子］2本
食パン6枚切り　1枚
ミルクチョコレート　板チョコ1枚

作り方
1. ゼリーはカチカチに凍るまで冷凍庫に。
2. 「松橋POINT!」を参考にチョコ菓子を作る。
3. 1をかき氷器に入れ、シャーベット状のゼリーかき氷を作る。※電動のかき氷機は使用しないでください。
4. チョコ菓子を添えれば完成。

POINT!
あの見覚えある定番お菓子も自分で作れば特別感アリ。チョコレートを溶かす時はぜひドライヤーを！　難しくて面倒な湯せんも必要ありません。

①食パンの耳を切り落とし、その耳を縦に3等分してオーブントースターへ。
②サクサクになるまで1200Wで1分半～2分焼く。
③続いてチョコレートをボウルの中で砕きドライヤーで溶かし、パンの耳にかけて、チョコが固まれば完成。

BEST OF RECIPIE

ベストオブ
松橋レシピ！

おもてなしの“さしすせそ”がいっぱい詰まった
僕の息子のようなレシピたちを、
さらにご紹介します！
かわいがってあげてくださいね。

みんなが喜ぶ！
ごちそうバーガー

完全再現?!　有名店のハンバーガー

おもてなしの原点！　試作に試作を重ねて導いたレシピ！

材料（2人前）
[ミートソース]
豚ひき肉　200g
たまねぎ（中玉）　3個
にんじん　2本
セロリ　1本
トマト缶詰　1個
100%ニンジンジュース　500ml
ミートソースの素　1袋
（ルーミックが一番おすすめ）
[ハンバーグ]
豚ひき肉　150g
卵　1個
ナツメグ　少々
パン粉　大さじ2
豆乳　大さじ1
炒めたまねぎ　大さじ2
塩　少々
あらびきコショウ　少々

トマトスライス　2枚
ハンバーガー用のパン　2個
マヨネーズ　適量
マスタード　適量
サラダ油　適量

作り方
最初に、たまねぎ1個をみじん切りにして半分を水にさらす。もう半分からはハンバーグ用に大さじ2とり、炒めておく。

[ミートソース]
1. たまねぎ（のこりの2個）、にんじん、セロリを適当な大きさに切り、トマト缶、100%ニンジンジュースとともにミキサーにかける。
2. 鍋にサラダ油を熱し、豚ひき肉を炒める。このとき泡立て器を使えばほぐれやすいです！
3. 最初にみじん切りしたたまねぎの、水にさらしてない方を加え、透き通るまで炒める。
4. 1を加え、弱火で25分煮てルーミックのルーを入れて（どうしてもなければケチャップ大さじ3、中濃ソース大さじ2で調整してみてください！）少し煮込めばソースの完成。ルーを入れた後はコゲやすいので注意！

[ハンバーグ]
1. パン粉、豆乳、卵、炒めたまねぎ、ナツメグ、塩、コショウをボールに入れて馴染ませ、ひき肉を入れよく練る。
2. 1を丸く成形して、サラダ油を熱したフライパンで焼く。片面にコゲ目がついたらひっくり返して蓋をし、中弱火で2分弱じっくり焼く。

[盛りつけ]
1. パンを上下半分に切ってトーストし、ハンバーグをのせる。
2. その上から全体にマヨネーズを、中央部分にマスタードをのせる。
3. 水にさらした生たまねぎをのせてミートソースをたっぷりとかける。
4. 厚めにスライスしたトマトをのせ、パンをのっけて完成！

手打ちパスタで「つけカルボナーラ」

「今日はカルボナーラだよ」と言ってコレが出てきたら？
考え方をちょっと変えるだけで、労力以上のほめ言葉が！

材料（2人前）
生パスタ　150g
調整豆乳（牛乳でも）　250ml
ニンニク　1片（お好みで）
たまねぎ　1/4個
ブロックベーコン　50〜100g
プチトマト　4個
バター　5〜10g
アスパラガス　1本
パルメザンチーズ　小さじ1と1/2
コンソメ　小さじ1と1/2
あらびきコショウ　少々
みそ　ほんの少し（小さじ1/8程度）
パセリみじん切り　少々
オリーブオイル　大さじ1

作り方

1. オリーブオイルとみじん切りしたニンニクを小さい鍋で香りが出るまで弱火にかける。
2. 分量の半分のベーコンをみじん切りにし、1に加えてこんがり炒める。
3. たまねぎをみじん切りにして加え、火が通ったら、バター、牛乳を加えて沸騰してから2分程煮る。
4. パルメザンチーズ、コンソメを入れ、味をみて調節する
5. ほんの少しみそを加える。入れすぎるとみそ味になってしまうのであくまで隠し味として。
6. あらびきコショウをふって、つけソースの完成。
7. 手打ちパスタを1分半ゆでる。生地に塩が入ってるのでお湯には入れなくてOKです。
8. 一口大に切ったのこりのベーコン、塩（分量外）を薄くふったアスパラ、プチトマトを焼いて添える。トマトはサッと表面を焼く程度。
9. パスタにパセリを振って完成！

[手打ちパスタの作り方]

材料
薄力粉 150g　強力粉 150g　卵　1個　塩 小さじ1/3　砂糖 小さじ1/3　オリーブオイル　大さじ1　ぬるま湯 90ml　打ち粉（強力粉）適量

作り方

1. ボウルに薄力粉、強力粉、塩、砂糖を入れて菜箸で混ぜ合わせ、オリーブオイル、卵とぬるま湯を加えてそのまま菜箸である程度形になるまで混ぜていく。
2. ある程度まとまったら、てのひらのつけ根でグッと押すように表面が滑らかになるまでこねる。
3. 3等分してラップに包み、30分寝かせる。
4. 平らな場所に打ち粉をして、3をめん棒でのばす。めん棒がなければラップでOK。汚れた部分だけ切りとればいいので片づけもラクです！
5. のばしては畳む動作を数回繰り返す。これでコシがうまれます。
6. お好みの厚さにのばしたら、包丁で切る。今回は太めのフェットチーネに。
7. 切った断面にも打ち粉をし、広げて10〜20分乾燥させれば完成。

松橋流おもてなしポテトサラダ

ごま油香る半熟味玉を崩しながら食べるごちそうサラダ！

材料（2〜3人前）
じゃがいも　6個
ブロックベーコン　100g
たまねぎ　1/2個
きゅうり　1本
豆乳（牛乳でも可）　100ml
マヨネーズ　大さじ5
砂糖　小さじ1
塩　適量
パセリ　適量
あらびきコショウ　適量

[半熟味玉]
卵　2個
めんつゆ　適量（袋をしばって卵に密着する量）
ごま油　小さじ1/2

作り方
1. ベーコンは1.5cm角に切って炒めておく。
2. たまねぎはみじん切りにして水に10分ほどさらして、水を切っておく。
3. きゅうりはいちょう切りにして塩を振って余分な水を抜き、絞っておく。
4. じゃがいもの皮をむき、4個は600Wのレンジで6分〜7分ほど加熱してトロトロに。175ページを参考にじゃがいもをつぶし、豆乳、マヨネーズ、砂糖、塩、あらびきコショウ少々を加えてしっかり混ぜる。そこに2、3も加え和える。
5. 残りの2個のじゃがいもは600Wのレンジで3〜4分、シャキシャキの食感を残して温める。その後、1.5cm角に切って軽く下味の塩を振り、ベーコンとともに崩れないようさっくりと和えてポテトサラダの完成。
6. 盛りつけたポテトサラダの上に半分に切った半熟味玉をのせてあらびきコショウとパセリをふれば完成。味玉はミシン糸を使って切るとキレイな断面に。

[半熟味玉の作り方]
1. まず卵をしっかり常温に戻しておく。冷蔵庫から出してすぐに加熱するとひび割れます。
2. しっかり沸騰させたお湯（分量外）に卵を入れ、5分で引き上げる。余熱で固まるので、出してすぐに水にさらして冷ましましょう。
3. ビニール袋にカラをむいた卵とめんつゆ、ごま油を加えて3時間〜一晩おいて完成。ビニール袋の空気を抜いて卵に密着させることでつけダレが最小限で済むので経済的！　いろんなものを漬けこむ時に応用してくださいね。

自家製ケチャップでオムライス

定番オムライスもケチャップが
自家製なだけでおもてなし料理に！

材料（1人分）
[チキンライス]
ご飯　200g
鶏肉　100g
たまねぎ　1/4個
コンソメ　小さじ1/2
塩　少々
あらびきコショウ　少々
バター　10g
ケチャップ　大さじ2
[オムレツ]
卵　2個
塩　少々
あらびきコショウ　少々
バター　15g
サラダ油　適量
自家製ケチャップ　お好みの量

作り方
1. 卵はボウルで溶いて、塩コショウをふって混ぜる。鶏肉は1cm角くらいのサイズに切り、たまねぎはみじん切りにしておく。
2. フライパンに油を熱してたまねぎを炒め、透き通ってきたら鶏肉を加えてさらに炒め、コンソメ、ケチャップを加えて炒め、最後にバター10gを加えてサッと炒める。
3. フライパンにご飯を加えて炒めながら混ぜ合わせ、十分に混ざったら、皿にうつす。
4. キレイにしたフライパンを強火にかけて温まったらバター15gを入れ溶けたら卵液を一気に流し入れる。
5. 半熟になったら火からおろし、3の上にかぶせる。この時、シリコンスパチュラを使用するとキレイにできます。
6. 自家製ケチャップをたっぷりかけて完成。

[自家製ケチャップの作り方]
多めに作っておけば、様々に活用できて便利です。
ひき肉と炒め合わせれば即ミートソースに。
次のページもチェックしてください！

材料
たまねぎ4個　ニンジン3本　セロリ1本　トマト缶2缶　トマトジュース（無糖）1000ml　コンソメ 大さじ3～4　塩 少々

1. 材料を数回に分けて全てミキサー、もしくはブレンダーにかける。
2. 鍋に入れて、弱火で20～30分水気がなくなりドロッとするまでしっかり煮込み、コンソメや塩で味を調える。

お好みで野菜の配合は変えてください。余った野菜はすりおろしてケチャップにしておけばいつでも使えます！

トマトおでん

野菜だしの効いた洋風おでん。

材料（3～4人前）
自家製ケチャップ　500gほどお好みの量で！
トマトジュース　1500ml
顆粒昆布だし　大さじ3～4ほど
じゃがいも　3個
ズッキーニ　1本
卵　3個
ブロックベーコン　400g
ちくわ　4本
塩　少々
パルメザンチーズ　適量
パセリ　適量

作り方

1. 卵はゆで卵に、ちくわは半分に斜め切り、じゃがいもは皮をむいてレンジで2分、ズッキーニは縞模様になるよう半分程度皮をむいて、ベーコンとともに大きめのサイズで切り分ける。おでんの具なら、はんぺんなど何でも合いますのでお好みで！
2. 大鍋でケチャップとトマトジュースを合わせて火にかける。その後、顆粒昆布だしで味つけを。味は、ケチャップのできあがりの味によって変わるため、塩なども加えつつ調整してください。
3. 1の具材を入れて沸かさないように弱火で20～30分ほど煮込む。冷める時に味が入るので一度冷ましても美味しいです。
4. 皿に盛りつけてから、パルメザンチーズとパセリを振って完成。

自家製ケチャップでキーマカレー

簡単に作れるナンを添えて。

材料（2～3人前）
自家製ケチャップ　500g
ひき肉　200g(合挽きでも豚でもお好みで)
カレー粉　大さじ3(カレールーの場合は3片程度)
塩　少々
コショウ　少々

作り方
フライパンに油を熱してひき肉を炒め、ケチャップと混ぜ合わせて、カレー粉またはルーを溶かすだけ！（その時のケチャップの味の濃さにもよるのでお好みで調節してください！）

[ナンの作り方]

材料　6枚分
薄力粉 100g　強力粉 200g　塩 小さじ1/2　オリーブオイル 大さじ1　溶かしバター 15g　ヨーグルト 200g

作り方
1. ボウルにすべての材料を入れ、菜箸でまぜる。
2. ある程度まとまったら手でこねて、ラップに包んで冷蔵庫で30分間寝かせる。
3. 寝かせた生地を6等分して28cmのフライパンで焼けるほどのサイズまで手でのばして広げる。厚い部分と薄い部分があってもおいしいので均等にのばさなくてもOK！
4. 熱したテフロン加工のフライパンに伸ばした生地を置き、片面7分、ひっくり返してさらに4分焼く。焼き時間は様子を見ながら調整を。すでに油が入っているので油をひかなくても大丈夫です。

青じそジュレのお刺身サラダ

いつものお刺身がジュレをまとえば創作割烹のよう！

材料（2～3人前）
きゅうり　1本
ミニトマト　1パック
パプリカ　1/2個
大葉　4枚程度（お好みで多めでもOK）
海草　適量（市販のサラダ用を活用ください）
サニーレタス　1/4個
お刺身　好みのものを1パック
（マグロ、サーモン、カンパチなどがおすすめです）
ジュレドレッシング　適量
青じそドレッシング　大さじ1

作り方

1. 野菜をよく洗って水切りし、それぞれ食べやすい大きさに切って海草とともに皿に盛る。
2. 刺身を一口サイズに切って野菜の上に並べる。
3. ジュレドレッシングを176ページを参考にフォークで削って、サラダに飾り、青じそドレッシングも大さじ1ほど回しかける。
4. 中心に糸切りにした大葉を添えれば完成。

[ジュレドレッシングの作り方]

材料
水 250cc　昆布だしの素 小さじ1　青じそドレッシング 小さじ2～3　ゼラチン 5g

1. 鍋に水、昆布だしの素、ドレッシングを入れて火にかけ、沸騰直前で火をとめてゼラチンを溶かし混ぜる。
2. 粗熱をとった1を容器に流し、冷蔵庫で冷やし固めれば完成。

きゅうりのイタリアンチャンプルー

きゅうりは炒めても美味しいんです。
チャンプルーにトマトとチーズはゼッタイ新定番！

材料（2～3人前）
きゅうり　2本
豆腐(木綿)　1/2丁
トマト　1個
モッツァレラチーズ（とろけるチーズでも可）　50～100g
卵　2～3個
豚バラ肉（スパムやベーコンでも可）　100g
ごま油　適量
かつおだしの素　小さじ2～3
塩　少々
コショウ　少々
かつおぶし　2パック約10g

作り方

1. 木綿豆腐は161ページを参考に水切りして一口大に切っておく。
2. 「松橋POINT!」を参考にきゅうりの種をとり、皮をシマシマ模様にピーラーでむいて1cm程度の厚さの斜め切りに。トマトとチーズを2cmに切る。
3. フライパンにごま油を入れ、塩コショウをした卵液を半熟ぐらいに炒めて皿に出しておく。
4. 中火のフライパンで木綿豆腐、豚肉、野菜の順に加えて炒め、卵を戻して、最後にトマトとチーズを加える。
5. かつおだしの素、かつおぶしを1パック、塩少々を加えてサッと和え、味を見て薄い場合は、かつおだしの素で調整する。
6. お皿に盛ってかつおぶし1パックをのせて完成。

**きゅうりの種をとっておけば、
水っぽさを防ぐことができます。
ティースプーンで削れば簡単に。**

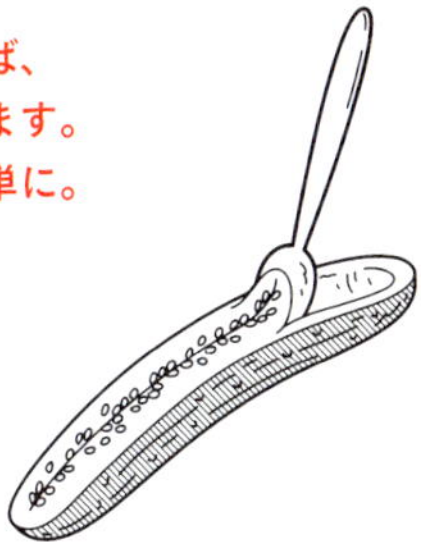

おにぎりで
ダイナミックなおもてなし！

噴火山おにぎりと鶏スープ

水炊き屋さんの鶏スープを手羽元だけで！
こんな焼きおにぎりとともに。

＊焼きおにぎり

材料（1～2人前）
ご飯　山盛り1杯
味付けのり　お好みの量
[焼きおにぎりのタレ]
めんつゆ　大さじ3
みりん　大さじ3
砂糖　大さじ1.5
新しょうがの漬物　お好みで適量

作り方

1. タレの材料を合わせておく。
2. ご飯をおにぎりの形ににぎり、最後に平らな場所で底を作り、自立するように山の形を作る。
3. テフロンのフライパンでおにぎりを全面焼く。焼き色がついたらタレを塗って、さらに全面を軽く焼く。最初にタレを塗ってしまうと、おにぎりの表面が割れてしまうので注意！
4. 皿に置き、頂上を刻んだ味付けのりでかざれば完成。お好みでしょうがを添える。

＊鶏スープ

材料（3～4人前）
鶏の手羽元　2パック（大体1パック8～10本入りですよね。それを2パックほどです）
水　2ℓ
昆布だしの素　大さじ5
塩　適量
柚子コショウ　適量
水菜　適量

作り方

手羽元は骨も軟骨も身もついているので、それだけでダシと具とコラーゲンと、全ての役割を担ってくれます！

1. 鍋に、手羽元と水を入れて沸騰するまで強火にかける。沸騰してきたらアクを取り、中火にして1時間ほど煮込む。
2. 味見しながら、塩と昆布だしの素で味つけし、お椀に注いで水菜を添えれば完成。柚子コショウはお好みで。

お家で簡単！
野菜とお肉のお寿司

野菜とローストビーフのお寿司

ローストビーフも野菜の仕込みも本当に楽チン。
食卓にサプライズを！

材料（2人前）
ご飯　1合
すし酢　大さじ2
ローストビーフ　6枚
たまねぎ　1/6個
プチトマト　2個
オクラ　2本
白だし　適量
水　適量

作り方
1. ご飯に市販のすし酢を加えて混ぜておく。おすしのためにご飯を炊く場合は、少し硬めに仕上げるのがベストです。
2. 野菜をよく洗い、たまねぎは1/4に切って水に10分ほどさらす。プチトマトはヘタを取り、その部分に竹串で穴をあける。オクラは板ずりして下ゆでし、ヘタの先端を切り落としておく。
3. 冷凍保存袋や保存容器に水と白だしを1：5で入れ、野菜を沈めて1時間〜一晩ほど漬ける。この簡単浅漬けには、なんでも漬けちゃってください。ヤングコーン、半熟卵もおいしいです。
4. たまねぎは幅広のくし切りにした1枚分を、プチトマトは薄切りにして約4枚を、オクラは縦半分に切ったものを、ローストビーフは2〜5mmでお好みの厚さにスライスしたものをネタとして用意し、握った酢飯にのせる。

[炊飯器でローストビーフの作り方]

材料（2〜3人前）
牛モモかたまり肉　約500g（寿司ネタに適した大きさを探してみてください）
塩 小さじ1
コショウ　小さじ1
サラダ油　大さじ2

作り方
1. 肉に塩、コショウをまんべんなく揉み込み、ラップをして冷蔵庫で2時間ほど寝かす（時間がない時は寝かさなくてもOK）。
2. 表面の余分な水分を拭き取る。フライパンにサラダ油をひき、中火でお肉の全面を焼いてしっかり焼き目をつける。
3. 焼き目がついたらラップでしっかりと包む。
4. 冷凍保存袋に入れて空気をしっかり抜く。熱の伝導が良くなり、まんべんなく火が通ります。
5. 炊飯器に沸騰したお湯を入れ、4を沈みこませ保温を押して40分待つ。お肉がしっかり湯に浸かるよう、必要に応じて皿などで重しをする。
6. 40分経てばできあがり。寿司はもちろん、わさび醤油、トリュフ塩など、いろんな味でお楽しみください。

COLUMN

とりあえず、料理に技術は必要ない！

実は、僕は料理が好きですが、上手ではありません。料理屋さんでの修行経験もないし、調理師免許も持ってないし、技術的にも、プロのように薄～く素早くトントントントンってたまねぎをスライスとかもできません。とんかつ屋さんみたいにキャベツの千切りもできませんし、オムレツもお店みたいにキレイに包めません。

でも、今まで一度も困ったことはありません。家庭料理にそんな難しい技術なんていらないですもんね。しっかり手さえ洗えば。

それで最近、１つ良かったことがありました。この本を書く時です。僕自身に特別な技術がなかったので、この本には特別な技術の必要ないレシピだけを載せることができました。これは狙ってなかったうれしい誤算。全部簡単にマネしてもらえる。

ただ、そんな僕ですが「とんかつ屋さんの千切りキャベツ」を作る自信はあるんです。なぜなら、僕の技術を強力に底上げしてくれるアイテムに頼っているから。

実は、プロの料理人さんも道具にはかなりこだわってらっしゃるんですよ。技術もありますが、包丁だってちゃんと研いだ良いモノを使ってますし、フライパンもオムレツ作る時は22ｃｍと決めておられるんですって。料理は道具で結構変わってくるんです。

料理道具の選び方も掃除アイテムと同じです。「それだけ」を作り続けている、その道のプロの「作品」に頼ってしまいましょう。そしたら、どんどんラクになるのです。

練習しなくても、アイテムさえ使えばお店みたいに作れてしまう。そういうモノがたくさんあるのです。例えば、千切りキャベツは「プロピーラー」で削れば簡単ですし、オムレツは「シリコンスパチュラ」を使えば美しく成形できます。雪おろしは、「プロおろしV」を使えば可能だし（なんだったら粗めの鬼おろしだってできますよ）、家にあるアイテムだったら、サランラップとタオルがあれば、誰でもなめらかなマッシュポテトを作れる。だから、僕はなかなか料理が上手にならない（笑）。

プロおろしＶのいいところ

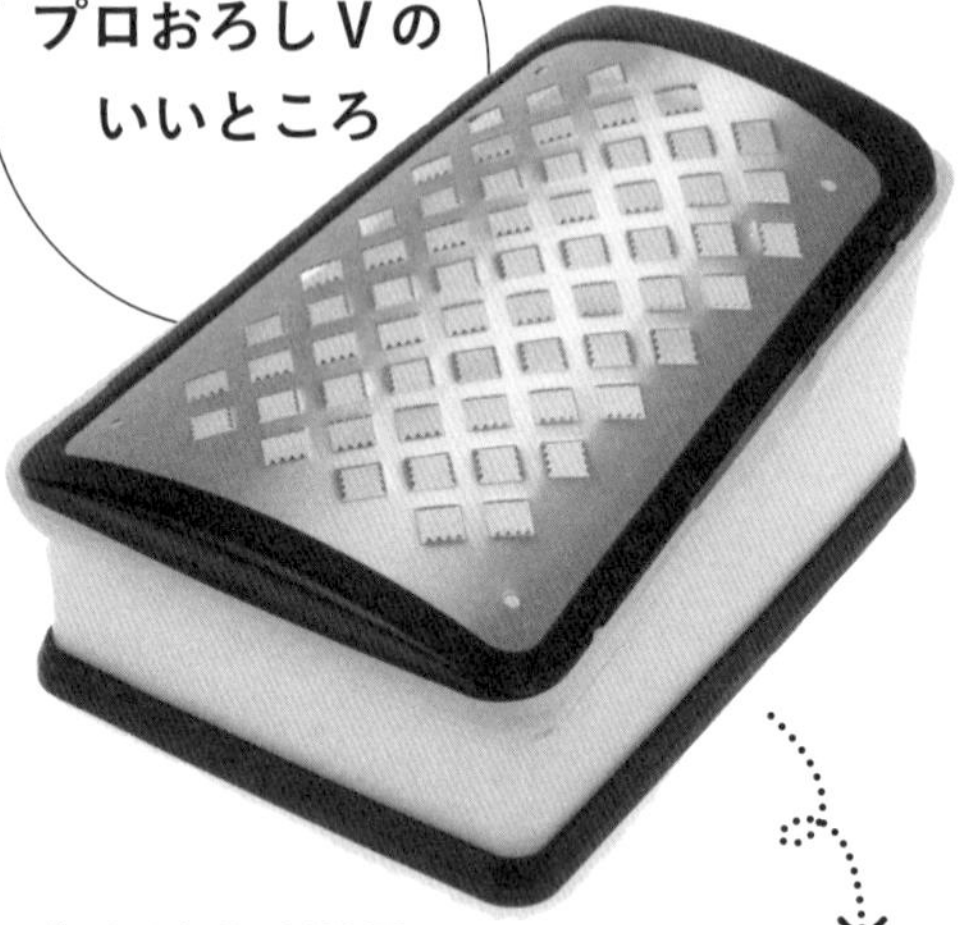

プロおろしＶ　2,138円
和田商店
042-969-3602

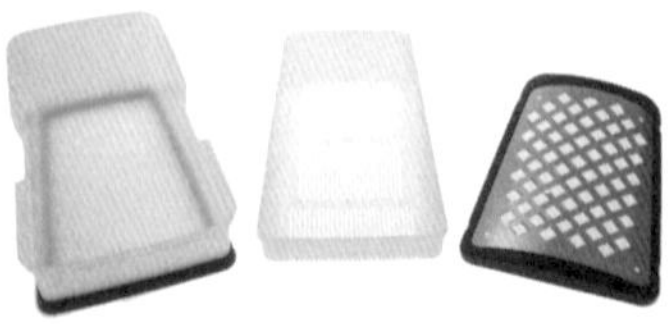

＊おろし金の部分が少し湾曲していて、さらに傾斜が付いているため、力を入れずに手早くおろすことができる！
＊内側に水切りをセットしておけばおろしの水を適度に切れるため、水っぽくなる心配がない。
＊切れ味の抜群の目立構造のため、繊維をつぶさずおいしいおろしになる。直線的に一気にすりおろすと鬼おろしに、やさしくおろすと雪おろしに。
＊使用後は裏返して水につければ、すぐに繊維が落ちるので後片づけがラク。

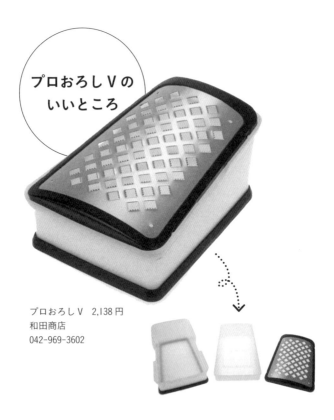

シリコンスパチュラのいいところ

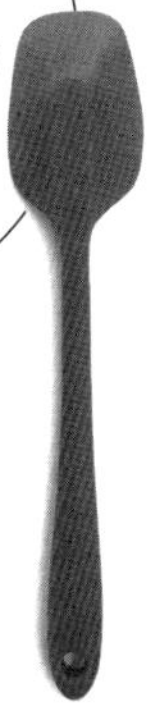

＊シリコン素材は耐熱温度が高いので、高温になるフライパンでの使用も安心。
＊適度な弾力があり、スパチュラとしてフライパンの卵液などをまるごときれいにすくい集められるので、オムレツを作る時などに重宝する。
＊鍋をかき混ぜるときも、底に残らずしっかりとまぜられるので焦げつきにくい。
＊あんかけ炒めを作ったときなど、のこらずきれいに器に盛ることができる。

プロピーラーのいいところ

＊刃の部分にグレードの高いハイカーボンステンレス鋼を使用。抜群の切れ味で、むいた皮も詰まりにくく、一度使うと離れられない最強のピーラー。
＊刃が微妙にカーブしているので食材に当たる面積が少なく腕への抵抗が減ってラクにむける。
＊ステンレス製なので錆びず、洗いやすくて衛生的。
＊野菜の皮むきはもちろん、キャベツの千切りやごぼうのささがきなどにも使用できる。

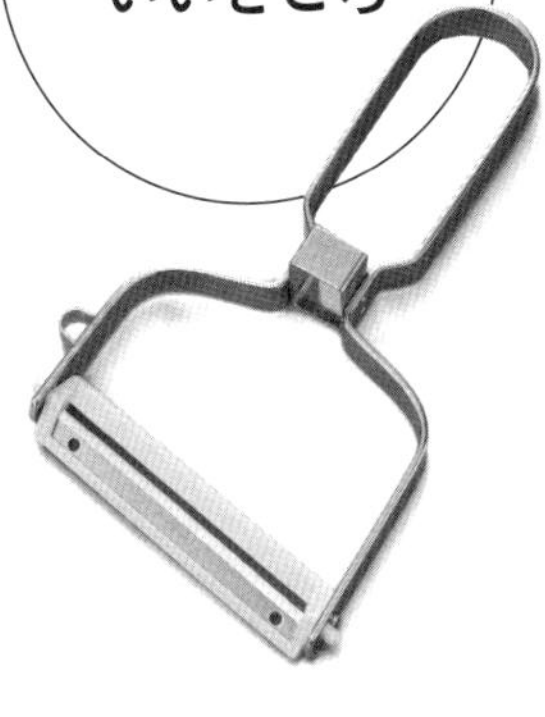

プロピーラー　2,700円
和田商店
042-969-3602

あとがき

この本全体を通して、ずっと自分はダメな人間だとお伝えしてきました。そんな僕がこのような本を書かせていただけることになった経緯をお話しさせてください。

まずは、どんなに家事好きだろうが、まだまだ無名の僕を信用してくださり出版の声をかけてくださった、ワニブックスの担当、吉本さんと有牛さんのおかげです。好き勝手書かせてくれた編集の高木さんにも感謝いたします。

ではなぜ、出版社の方の目に触れることになったのか。それは『あのニュースで得する人損する人』や、坂上忍さんの『成長マン』、『アメトーーク!』のおもてなし大好き芸人や掃除大好き芸人などに出演させていただいたからです。誠に感謝申し上げます。

思い返せば母はなぜだか僕に料理を教えてくれました。最初は小学2、3年くらいでしょうか、母が具材を切ってくれてあとは炒めるだけから始まり、徐々に包丁を持たせてくれるようになり、そのうち冷蔵庫の食材で適当に作ってみなさい、になり、最終的に1000円置いとくから好きな物作っていいよ、となりました。子どもとしては少しでもガシャポンに使いたい、ねりけし欲しい、でもご飯も食べたい。1000円をどう使おうか、そこが節約やりくり料理術のルーツかもしれません。そう考えると幼い頃から料理の基本を身につけさせてくれた母にも感謝です。

僕に、料理を楽しむキッカケをくれたのが叔母でした。叔母は僕に手羽元のオレンジマーマレード煮を教えてくれました。初めてカレーや生姜焼きのような定番とは違う料理を覚えたことと、また、これが美味しすぎたことで、調子に乗ってバカみたいに作りまくったのを覚えています。叔母のおかげで人にふるまう楽しさを知ったのを明確に覚えています。感謝いたします。

その後、18歳で芸人を始めるのですが、お金のない若手芸人はよく集まって安い具材で鍋をします。その会場が僕の家になることが多かったので、鍋の約束をしてるのに、ビーフシチューを用意したり、夜中に生春巻きを急に出してみたり。「どんだけ用意してるんだよ」の大喜利になってきて、お金がない中でどうやってみんなを驚かすかという感覚が養われました。そしてパンサー菅くんの好物の有名店のハンバーガーを再現するまでに至ったのです。それがキッカケで『アメトーーク！』のおもてなし芸人につながったり、この本にもレシピを載せられたり。菅くんにも、貧乏にも感謝いたします。

いろんな方に美味しいご飯をおごってもらっては、再現してその方に食べてもらってきました。しずるの池田くんにご馳走してもらった噴火山おにぎりと鶏スープ、ロバートの山本さんにご馳走になった青じそジュレのお刺身サラダ。皆さまに感謝いたします。

結局、僕は周りの方々や環境に家事の達人にしていただいたのです。

さて、以上で本書の内容は終わりです。最後までお付き合いいただきありがとうございました。

最後に、オレンジマーマレード煮の作り方。手羽元8〜10本に塩コショウをして鍋へ。そこにアオハタオレンジマーマレードジャム165gのやつ1瓶を全部入れます。その瓶を計量カップ代わりにして、醤油を1／3杯、水を1杯入れます。これで瓶もキレイになって、そのまま捨てられます。鍋が沸騰したら落とし蓋をして20〜30分煮て、最後にタレをちょっと煮詰めたら完成です。ご飯に超合います

ちょっと自分の話をしすぎたので、最後に情報をお伝えしました。だって僕は、「家事をラクして早く終わらせる方法をいっぱい知っている普通のおじさん」なので。

2015年12月　松橋周太呂

STAFF

撮影	三村健二
デザイン	MARTY inc.
スタイリング	大友育美　天野由美子
イラスト	八重樫王明
校正	玄冬書林
マネジメント	大谷重雄　糸満美菜子 (よしもとクリエイティブ・エージェンシー)
制作	松野浩之 (よしもとクリエイティブ・エージェンシー)
編集	高木沙織
編集統括	吉本光里　有牛亮祐 (ワニブックス)

協力　　　　　日本テレビ放送網株式会社

人生の「掃除の時間」をグッと縮める
すごい家事

著　者　松橋周太呂

2015 年 12 月 25 日　初版発行
2016 年 1 月 10 日　　3 版発行

発行者　横内正昭
編集人　青柳有紀
発行所　株式会社ワニブックス
　　　　〒 150-8482 東京都渋谷区恵比寿 4-4-9 えびす大黒ビル
　　　　電話 03-5449-2711 (代表)
　　　　　　　03-5449-2716 (編集部)
　　　　ワニブックス HP　http://www.wani.co.jp/

印刷所　株式会社美松堂
DTP　　株式会社アレックス
製本所　ナショナル製本

定価はカバーに表示してあります。

落丁本・乱丁本は小社管理部宛にお送りください。送料は小社負担にてお取替えいたします。

ただし、古書店等で購入したものに関してはお取替えできません。

本書の一部、または全部を無断で複写・複製・転載・公衆送信することは
法律で認められた範囲を除いて禁じられています。

© 松橋周太呂／吉本興業 2015　©NTV2015
ISBN978-4-8470-9412-5